Las Profecías de Nostradamus

Las Profecías de

Nostradamus

GRUPO EDITORIAL TOMO S.A. DE C.V.

Grupo Editorial Tomo, S. A. de C. V.
Nicolás San Juan 1043
03100 México, D. F.

1a. edición, octubre 1998.
2a. edición, agosto 1999.
3a. edición, septiembre 2001.
4a. edición, enero 2003.

Nicolás San Juan 1043, Col. Del Valle
03100 México, D.F.
Tels. 5575-6615, 5575-8701 y 5575-0186
Fax. 5575-6695
http://www.grupotomo.com.mx
ISBN: 970-666-104-2
Miembro de la Cámara Nacional
de la Industria Editorial No 2961

Diseño de portada: Emigdio Guevara.
Supervisor de producción: Leonardo Figueroa

Impreso en México - *Printed in Mexico*

Índice

¿Qué es la Profecía?

Durante la primavera del año de gracia 1934, un español, don Tomás Menes, conocido en su patria por su gran habilidad en la predicción del porvenir, declaró que el Canciller de Austria, Dolfuss, perecería violentamente dentro de tres meses.

Esto acontecía exactamente el 23 de mayo.

El 25 de julio, vale decir a los dos meses y dos días de distancia, la profecía del profeta maritense se cumplió plenamente...

Sin embargo, es éste un ejemplo demasiado reciente para que se pueda hablar con propiedad de "profecía"; aunque, de todos modos, sea de las más antiguas.

Entre Profetas y Videntes

Pierre d'Ailly, nacido en el año 1350, y canciller de la Universidad de París, era un hombre de estudio, un filósofo: limosnero del Rey, obispo de Cambral y cardenal, tenía gran versación también en geografía; y tal vez, su libro *"Inmago mundi"*[1] contribuyó no poco a convencer a Cristóbal Colón, para que tratara de llegar a las Indias, partiendo desde el Occidente. Y ésto lo afirmamos al citar, que el gran navegante genovés poseía un ejemplar de esa obra.

Alrededor de 70 años después de la muerte de d'Ailly se publicó un libro póstumo de este notable autor, en el cual, entre otras muchas revelaciones curiosas, se citaba en modo especial el año 1789 como umbral de un período histórico, que debía alcanzar enorme importancia para Francia y para la humanidad entera. Está por demás recordar que, en efecto, la Bastilla fue tomada en julio de 1789 y que allí comenzó la Revolución Francesa. Se cumplía así, casi a la letra en su sentido general, lo que el Cardenal había predicho en el momento en que, refiriéndose precisamente a este año 1789, escribiera:

> *Si para esa fecha el mundo no ha sido destruido, lo que solamente Dios puede saber; acontecerán rebeliones y transformaciones sorprendentes, que transformarán nuestras leyes y nuestra estructura política.*

[1] "Imagen del mundo".

Todos aquellos que tienen familiaridad con las profecías de la Biblia, sabrán tal vez que el cumplimiento de las mismas ha sido constatado y confirmado por sabios estudiosos modernos, como, por ejemplo: las predicciones bastante misteriosas de Jeremías y Ezequiel, y también las de Miqueas y Amos, entre los Profetas menores.

Acerca de la profecía que se afirma estar implícitamente contenida en la estructura y configuración de la Gran Pirámide de Egipto, ha surgido nada menos que toda una escuela especulativa y de investigación; y es convicción firme para muchos que esa profecía continúa cumpliéndose, también por lo que se refiere a los acontecimientos de nuestros días.

Aun entre las respuestas de los Oráculos ambiguos de las épocas clásicas, griegas y romanas, hubo a menudo determinados pronósticos, confirmados más tarde por hechos concretos y reales, como sería fácil demostrar a la luz de numerosos ejemplos.

Y finalmente, para mantenernos en los tiempos modernos, tenemos las múltiples profecías maravillosas de Nostradamus: pero, ¿cuántos de nosotros las conocen? Tal vez la causa principal de esta ignorancia reside en la circunstancia de que esas predicciones están expresadas casi siempre en una forma deliberadamente oscura, es decir, cubiertas de un velo más o menos transparente, que, en el siglo XVI en el que fueron escritas, a veces se tornaba indispensable.

Estas predicciones están contenidas en una recopilación de cuartetas, con el título de *"Centurias"* y de ellas, por ahora, citaremos aquí como ejemplo, una sola:

> *El león joven vencerá al viejo en combate en campo abierto; le perforará un ojo a través de una jaula de oro, y así le hará perecer de una muerte espantosa.*

Y he aquí la explicación histórica de la misteriosa cuarteta y la manera en que se cumplió la profecía.

Nostradamus era contemporáneo de Enrique II, rey de Francia. En el mes de julio de 1559 el Rey, para celebrar el casamiento de su hermana Margarita con el Duque de Saboya, ofrendó una serie de fiestas, entre las cuales hubo un torneo de magnificencia desacostumbrada. Hábil en el manejo de las armas, él mismo quiso invitar gentilmente a uno de sus huéspedes, el joven conde de Montgomery, a romper lanzas con él.

El conde, en un primer momento, declinó modestamente honor tan preciado y grande; pero Enrique insistió tanto que tuvo que ceder finalmente. Aconteció que, en el fervor de la lucha, la aguda punta de la lanza del joven penetró por la visera del morrión de oro de su regio contrincante, que sufrió la perforación de un ojo, y algunos días después fallecía entre horribles sufrimientos.

Además, Nostradamus predijo también la Revolución Francesa, como veremos más adelante, con detalles a menudo realmente impresionantes, y muy claros aún bajo el velo de su lenguaje peculiarísimo.

Un estudioso alemán, el doctor Maximiliano Kemmerich, quiso calcular las probabilidades que tuvo Nostradamus para *adivinar* los nombres de las personas y de los lugares citados en sus *"Centurias"*; con su estudio llegó a la conclusión de que, matemáticamente, están a una contra infinito, es decir: cero. Deduce por lo tanto de este cálculo, que no puede tratarse absolutamente de una casualidad y que Nostradamus "era un verdadero profeta, provisto del don de la clarividencia en el espacio y en el tiempo".

Otro estudioso de las profecías bíblicas, un sabio inglés, en una obra escrita en 1886 predijo que el año 1917 sería de enorme importancia para la Palestina y para Inglaterra.

Ahora bien, en 1917 el general Allenby conquistó la Palestina y tomó Jerusalén; de esta manera la misma Palestina, después de trece años de dominación musulmana, fue gobernada por cristianos, es decir, por Inglaterra de acuerdo a un mandato de las demás potencias aliadas en la Gran Guerra, que se combatió desde 1914 hasta 1918.

El astrólogo inglés William Lilly predijo, en el año 1651 la peste que despobló a Londres en el año 1665 y el gran incendio de 1666. Esta última profecía, además, se comprobó tan fiel a la verdad de los hechos, que una Comisión nombrada por el Parlamento examinó con mucha severidad a William Lilly, para poner en claro si no hubiese tenido muy distinto conocimiento de ese azote, fuera del que podría brindarle su sabiduría astrológica.

Otro inglés, finalmente, A. J. Peace, predijo en el año 1868 —es decir, cuando el rey Jorge, recientemente fallecido, era todavía un niño de dos años de edad y tenía otros hermanos mayores con derecho a precederle en el trono—, que habría de llegar a ser soberano del Reino Unido con el nombre de Jorge V.

Desde el siglo XVIII ha sido famosa la profecía de Santiago Cazotte, quien, una noche, en un aristocrático salón de París, predijo a cada uno de los presentes, cuál sería su suerte durante la revolución que se avecinaba. Recientemente, serias investigaciones de hombres de estudio y de ciencia han llegado a reconocer la autenticidad de esa predicción, cuyos detalles son muy fáciles de hallar.

Durante los años que precedieron la conflagración de 1914, se hicieron no pocas predicciones acerca del período de dolor y de sangre que debía atravesar Europa por la Gran Guerra. Más aún, un vidente, cierto Georgievitz-Weitzer, que escribía con el seudónimo de *Surya,* comunicó en forma exacta, ya desde los primeros tiempos del siglo actual, que los 11 años que van desde 1909 a 1920 constituirían para Europa un lapso excepcionalmente crítico y grave. Finalmente, todos los astrólogos, prácticamente sin excepción alguna, predijeron para Alemania una guerra espantosa durante los años 1913-1916.

Tal vez no es el caso de enumerar entre los verdaderos videntes a aquella dama que se conoció bajo el nombre de

Madame de Thébes; sin embargo, vale la pena anotar que en el año 1905, es decir, nueve años antes de la Guerra Mundial, ella escribió estas palabras en el *Almanach,* que solía publicar todos los años:

El porvenir de Bélgica es extraordinariamente doloroso. Este pequeño país da la impresión de ser un oasis total de paz y de felicidad... Sin embargo, repito lo que ya afirmé: este país prenderá fuego a toda Europa.

Luego, en el *Almanach* del año 1913, escribió:

Leo en las manos de eminentes personajes italianos los signos indicadores de una guerra, cuya violencia no tiene precedentes. Alemania amenaza a toda Europa en general y a Francia en particular. Pero si habrá sido Alemania la culpable de la guerra, cuando ésta termine, ni Prusia ni los hohenzollern conservarán su anterior situación dominadora. Como ya afirmé reiteradamente, los días del Kaiser como emperador están contados, y después de él acontecerán en Alemania grandes transformaciones. Repito que hablo de su reino y no de su vida.

Un vidente que aún vive, predijo a Lord Kitchener que moriría en el mar a la edad de 66 años, al zar Nicolás su trágico fin y el de los suyos, y finalmente al escritor Mark Twain (como éste mismo lo atestiguó personalmente), que llegaría a ser rico después de alcanzar 68 años de edad; lo que aconteció realmente.

Podemos decir, por lo tanto, que la profecía existió siempre y siempre existirá.

Incredulidad

Hoy se ríen de las profecías, de las predicciones, aún cuando muchos en su orgullo íntimo las crean. Pero éste no es un fenómeno de hoy, por cuanto los hombres se han reído siempre, exceptuando un reducido número de personas que han creído casi demasiado, y que tal vez por esta misma credibilidad ofrecían una razón para que otros expresaran una incredulidad burlona.

En efecto, es muy difícil hallar a un profeta, cuyas prediciones se hayan cumplido en un cien por ciento. Además, muchos videntes, como los de la Biblia, se tornaban aborrecibles para los demás, prediciendo acontecimientos tan desagradables, que no se querían creer.

Una leyenda bastante aceptable afirma que en la Atlántida, el continente desaparecido, los profetas que predecían su destrucción, eran condenados a muerte; y esto no sorprende a nadie, puesto que el instinto humano no obra diversamente cuando se anuncian grandes desgracias.

Sin embargo, no todos los profetas anuncian desventuras y catástrofes; y, más bien, muchos, tanto en la antigüedad como en los tiempos modernos, predicen al mundo una era de paz y de descanso, después de un período de tormentos y de tribulaciones.

Otra causa común de incredulidad es que muchos seudo-profetas han preanunciado sucesos que nunca se cumplieron, sin que los partidarios lo hayan querido reconocer. Por lo demás, es bien sabido que el hombre es esencialmente o demasiado escéptico o demasiado crédulo, tanto que es posible afirmar que, cuando no cree todo, no cree nada.

Sin embargo, hasta los más escépticos han terminado por reconocer que muchas profecías se han cumplido exactamente. Un estudioso inglés, a este respecto, observa lo siguiente:

"Naturalmente, se puede sostener por cualquiera, que toda virtud es hipocresía y cada predicción un producto de la fantasía; pero, fuera de discusión, hay que admitir que las mayores probabilidades están por las tesis contrarias. Las falsas profecías no quitan crédito a las verdaderas, como por ejemplo, de haberse demostrado ciertamente falsas las cartas de Platón, lo que no pone en duda la autenticidad de los «Diálogos» del mismo Platón."

Hasta el mismo Von Doellinger, el más escéptico de los estudiosos alemanes, que tanto se preocupó para desacreditar muchas profecías de la Era Cristiana, está obligado a admitir que algunas de ellas correspondieron exactamente a los acontecimientos posteriores. Por ejemplo, cita el hecho de que Santa Catalina de Sena predijo, en el siglo XIV, una cruzada general que nunca tuvo efecto; pero reconoce también que ella anunció una reforma de la Iglesia, que se cumpliría contra la voluntad de la Santa Sede; lo que aconteció precisamente con la que se llamó por lo mismo, la Reforma.

Idénticamente, Santa Hildegerada de Bingen, ante quien se inclinaban Pontífices y Emperadores, predijo muchas cosas de la decadencia del Papado y de la laicización de Europa, que luego se cumplieron exactamente.

Admitiendo por lo tanto que debemos reconocer que las profecías auténticas se han cumplido históricamente, nos viene a los labios esta pregunta: ¿Qué es un profeta?

Definición del Profeta

Una de las mejores respuestas que yo haya podido hallar, a esa pregunta, está contenida en un pequeño libro anónimo, que trata del iluminismo y que fue publicado hace unos años con el título: *"Hojas del Jardín"*. La reproduciré textualmente:

"El profeta es un hombre que posee el don de ver espiritualmente muy lejos. Como hay, físicamente hablando, présbites y miopes, así también hay présbites y miopes en el mundo espiritual. Sería un error rechazar ciegamente cualquier profecía, solamente porque es tal; sería enorme necedad creer que los profetas son impostores vulgares. Si investigamos, con métodos científicos y sin pasión preconcebida las profecías que han llegado hasta nosotros, ¿qué hallamos? Que unas cuantas personas que se atrevieron a mirar en las páginas futuras de la historia, han quedado pasmadas frente a lo que veían y, a pesar de los peligros personales y de los malos tratos recibidos, han querido poner en guardia a sus contemporáneos y a la posteridad".

Con otras palabras: muy rara vez el don de la profecía dio beneficios o ventajas al que lo poseía; más aún, en muchísimos casos trajo para el profeta martirio y muerte. Por ejemplo: ¿Cuál podría ser la ventaja de Casandra, cuando anunció reiteradamente, según se dice, la caída de Troya, el asesinato de Héctor y de Agamenón? Y, sin embargo, la pitonisa no recogió más que la incredulidad y las burlas de los troyanos. Bajo cierto aspecto, pues, se le podría considerar como el verdadero prototipo del profeta, por cuanto, de hecho, sus profecías, se cumplieron, aun en su perjuicio.

A Grosso modo, la profecía se puede, pues, definir como la clarividencia en el tiempo y en el espacio.

Hablando en general, los que se apasionan por las investigaciones psíquicas y no pocos psicólogos, han aceptado como hechos indiscutibles y reales la clarividencia y la telepatía.

Son estos fenómenos todavía, en gran parte, inexplicables, es verdad; pero también es verdad, que muchos otros fenómenos ya admitidos como indubitables y reales por la ciencia, son igualmente inexplicables. Por ejemplo, no sabemos exactamente lo que es la electricidad, pero reconocemos y aceptamos con los ojos cerrados todos sus efec tos. Es suficiente reflexionar sobre los rayos cósmicos, la fuerza de agregación de los átomos, el origen de las nebulosas, para convencerse del número de postulados de la ciencia ortodoxa, que permanecen todavía oscuros en lo que se refiere a sus orígenes. En el pasado, las cosas sin explicación eran consideradas, a menudo, sobrenaturales; hoy no somos tan fáciles en atribuir a causas sobrenaturales los fenómenos que no podemos explicarnos, y decimos con lógica más cerrada, que una explicación debe existir, aunque permanezca todavía desconocida.

Lo que Enseña el Pasado

Uno de los aspectos de la cuestión es éste: La humanidad refuta imposibles algunas cosas, mientras que la experiencia, más tarde, demuestra lo contrario. Sabemos, por ejemplo, que hace poco más de un siglo, los ingenieros creían sencillamente imposible una cosa que hoy se ha generalizado tanto: el ferrocarril. Sostenían que era imposible que carros pesadamente cargados pudieran correr sobre rieles; imposible que estos rieles se apoyaran sobre durmientes o travesaños de madera, carentes de un firme cimiento de albañilería; imposible que trenes enteros de esos carricoches, además pudiesen recorrer ese camino de rieles a una velocidad de 25 a 30 kilómetros por hora, sin sacudir el organismo humano de tal manera, que hubiera provocado en los pasajeros y hasta en las personas ante las que hubiera pasado, muy graves trastornos cerebrales.

Efectivamente, en Baviera, en los primeros tiempos de los caminos de hierro, se levantaron altas paredes a los dos lados de la vía, para evitar a la población esos temidos trastornos... Para decirlo brevemente a muchas cosas la humanidad declaró imposibles, que luego se cumplieron; tan numerosas por lo menos, como las invenciones y los descubrimientos del hombre. Hasta ese gran hombre de ciencia inglés que fue Sir Humphrey Davy sonreía con indulgencia ante la idea, de que una gran capital como Londres pudiese algún día ser totalmente alumbrada con lámparas de gas: y cuando Benjamín Franklin expuso su idea para la construcción de los pararrayos, la Real Academia de las Ciencias de Inglaterra se destornilló de risa.

Por muchísimos años el vuelo fue considerado como una locura utópica, y desterrado entre los absurdos, juntamente con la cuadratura del círculo y el movimiento perpetuo. Y todos sabemos cómo se consideraban grotescamente imposibles, muy pocas décadas atrás el teléfono, la radio y la televisión.

Refutar imposibles las cosas difíciles o negar las que no pueden explicarse aún, es una de las más costosas costumbres contraídas por la humanidad en el curso de su larga historia, que no la pone en guardia: costosas en el sentido de que más tarde se convirtieron en propio perjuicio: pero es necesario reconocer que aun más costosa es la costumbre de la superstición.

Y puesto, que desgraciadamente, hubo en el mundo muchas profecías falsas, también las buenas a menudo, cayeron a su vez en el ridículo. El escepticismo es un instinto saludable, sano, útil; pero de él se ha abusado mucho, como de tantas cosas no menos saludables y provechosas.

Sin embargo, a pesar del escepticismo y del ridículo, la fe en la profecía es un fenómeno que ha echado raíces profundas en la consciencia de la humanidad desde hace miles de años; y no parece posible extirparlo. Lo puede demostrar, entre tantos, el hecho de que, en nuestros días, mujeres ultramodernas —y también caballeros— requieren sin cesar de adivinos, astrólogos, clarividentes: negocio éste mucho más intenso de lo que algunos sospechan siquiera.

En una palabra, la fe en la profecía no puede extinguirse totalmente, en la misma medida que no puede desaparecer la fe en la bondad, en la espiritualidad, en la cultura.

Los dos Trenes y el Aeroplano

Una de las imágenes más sencillas y aptas para explicar el fenómeno de la clarividencia, sobre el cual se basan muchas predicciones, es la siguiente:

Piénsese en un tren, que proceda alrededor de una montaña, mientras que del lado opuesto, sobre los mismos rieles, avanza otro tren en sentido inverso. Ambos marchan a la misma velocidad y ninguno de los dos se ha percatado del otro: no hay señales que los detengan, por lo tanto, sin que ellos lo sepan, es inminente un choque.

En cambio, para quien volara en aeroplano sobre la montaña, el porvenir inmediato de estos dos trenes sería claro. Y si el aviador estuviese en comunicación con los trenes, podría predecirles su tremenda catástrofe. Esta clarividencia o facultad profética, para el aviador es muy simple y natural: ve, se alarma, puede predecir sin sombra de duda.

Tal vez, la clarividencia espiritual es idénticamente simple.

Aun cuando quisiéramos embarcarnos en una discusión, muy larga y docta, sobre el "Presente Eterno" de la filosofía oriental, ese Presente en el cual pasado, presente y porvenir coexisten simultáneamente, o bien sobre el tiempo como cuarta dimensión del espacio —sobre este argumento se ha dicho y escrito mucho—, tal vez no nos hallaríamos mejor ilustrados que por la sencilla imagen de los dos trenes alrededor de la montaña, para comprender cómo una persona pueda prever y por lo tanto profetizar.

¿Somos Todos Profetas?

Un escritor moderno, J. W. Dunne, hombre de ciencia e ingeniero aeronáutico, en un libro lleno de fascinación, deduce, fundado en comprobaciones experimentales, que virtualmente todo ser humano es profeta, sin saberlo. El porvenir —dice— se abre por sí solo ante nuestros ojos, cuando soñamos, sin que por eso deba hablarse de una intervención de la clarividencia. Evitando recurrir al ocultismo y al psicoanálisis, presenta al lector un material que todos pueden observar fácilmente, y del cual extrae un fundamento que posee prácticamente el valor de una ley, vale decir: *Las imágenes vistas en sueños, que se refieran indiscutiblemente a un futuro próximo, son aproximadamente iguales en número a las que se refieren en forma igualmente indiscutible a un pasado próximo.*

Mucha gente, sin embargo, no se fija en ese fenómeno; y a lo sumo tiene a veces la impresión de que ésto o aquello "haya sucedido otra vez" en *sueños.* Pero Mr. Dunne nos demuestra, experimental y matemáticamente, que hay en nosotros una coincidencia, la que, cuando estamos soñando, Se abre, diríamos, en abanico, comprendiendo en su campo visual tanto el porvenir como el pasado. Cada hombre, en fin, es su propio profeta. Y tal vez, se llegue a establecer esta verdad.

Mucho más recientemente, el doctor Alexis Carrel, del Instituto Rockefeller, hombre de ciencia eminente entre biólogos y fisiólogos, ganador del premio Nobel de Química, publicó una obra profunda que, para los profanos, debería "hacer época", como se acostumbra decir, puesto que ilustra las hipótesis más vastas de algunos grandes sabios modernos. Su tema es la profecía, es decir la clarividencia en el espacio y en el tiempo.

Y Carrel observa:

"Existe en algunos individuos un elemento psíquico capaz de viajar en el tiempo. Como ya se ha dicho, el clarividente no ve solamente acontecimientos remotos en el espacio, sino también acontecimientos pasados y futuros. En efecto, ellos parecen vagar con igual facilidad en el tiempo y en el espacio... Es decir, contemplan el pasado y el porvenir, como una mosca podría contemplar un cuadro, si en lugar de pasearse sobre la tela, volara sobre la misma a una cierta distancia. Los hechos de la predicción del futuro nos conducen hasta el umbral de un mundo desconocido, y parecen soslayar la existencia de un principio o de un factor psíquico capaz de evolucionar, más allá de los límites de nuestro cuerpo físico

Seguramente, esta es la afirmación más impresionante que haya podido hacer sobre el tema de la profecía un gran hombre de ciencia de nuestros días.

Videntes y Razonadores

Muchos fueron los que han ejercido el don profético: desde Balaam a Bacón, desde la Madre Shipton a Nostradamus; y solamente una obra de enorme volumen, podría contener todas las profecías o predicciones llegadas hasta nosotros y que se han cumplido.

Es muy fácil sonreír ante la profecía de la Madre Shipton —que vivió hacia los inicios de 1500—, acerca de los coches que correrían sin caballos; pero no es posible seguramente sonreírse de Francisco Bacón, que previó los submarinos y los aeroplanos. En cierto sentido, han sido videntes también Verne, Bellamy y Wells, hombres de nuestro tiempo, a quienes todos han debido reconocer una excelente imaginación y una clarividencia lógica.

Apenas en el año 1856 un americano, A. J. Davis, publicó en Nueva York una obra, en la cual hacía mención de un tiempo por venir, en el cual vehículos, coches y hasta lujosos vagones-salón habrían rodado por caminos maestros sin caballos, sin vapor, sin fuerza motriz visible, con una gran velocidad y con mayor seguridad de la que existiera entonces para viajar; indicaba hasta el detalle de que la fuerza motriz sería proporcionada por un líquido, combinado con los gases atmosféricos, muy fácilmente condensable y de fácil explosión. El mecanismo entero, completo, estaría oculto entre las dos ruedas anteriores. ¡Y todo esto lo preveía Davis, cuando no habían llegado a ser de uso común las muy modestas velas de estearina!

La actitud, la toma de posición de nuestros días, frente a la profecía, es extraña. Aun entre los que reconocen complacidos la veracidad de determinadas predicciones bíblicas, hay muchos, muchísimos que niegan en cambio el principio que de ellas derivaría. ¿Por qué? No hay duda de que en los tiempos de la Edad Media, más aún durante toda la Era Cristiana, hubo muchas profecías, dictadas por intereses personales; pero tampoco es dudoso en lo más mínimo, de que muchas también hayan sido comprobadas más tarde como verdaderas y desinteresadas, en forma impresionante.

Tomemos, por ejemplo, a Nostradamus que hemos citado antes, y que falleció en la segunda mitad del siglo XVI: ¿qué beneficio hubiera podido reportarle la profecía que, generalmente, se piensa relacionada con Napoleón?

He aquí la cuarteta a la que aludimos y que es la No. 60 de la primera *Centuria:*

Un Empereur naistra prés d'Italie,
Qui, a l'Empire, ser vendu bien cher:
Diron avec quels gens il se relie,
Qu'on trouvera moins prince que boucher.[2]

Lo que significa: *Un emperador nacerá cerca de Italia, cuyo imperio costará muy caro a Francia. De los que le circundarán, se dirá que son más carniceros que príncipes.*

Esta descripción, a la cual en otras cuartetas Nostradamus agrega para el gran soldado de Córcega el calificativo de *rase-téte* o *cabeza rapada,* es extraordinariamente clara. Observemos además, que, por lo que se refiere a la *cabeza rapada,* como es notorio, todos los demás reyes de Francia llevaban cabellos largos o pelucas, y que fue Napoleón el primer soberano que llevó los cabellos cortos.

Vale la pena tener en consideración además que estas profecías han sido escritas por Nostradamus casi 300 años antes del advenimiento de Napoleón.

---

2 Hacemos notar, de una vez por todas, que las cuartetas de Nostradamus se reproducen exactamente hasta en su deficiente ortografía.

Recientemente, es decir el 3 de marzo de 1933, un tal Philip Haag (así por lo menos firmaba) envió al *Times* de Los Ángeles, que la reprodujo en facsimil en el número 11 del mismo mes, la siguiente carta:

> *"1.—Tres eminentes hombres políticos americanos morirán entre el día de hoy y el 13 de este mes.*
>
> *2.—Entre el 7 y 13 de este mes se desencadenará el infierno.*
>
> *3.—En uno de estos tres días, 19, 20 y 21 de marzo, la ciudad de Los Ángeles será conmovida por un gran sismo.*
>
> *4.—El punto culminante de la depresión económica será alcanzado el 13 de marzo; y solamente el 20 del mismo mes comenzará un arreglo efectivo. Este arreglo, sin embargo, no estará completo hasta el 10 de septiembre de 1933.*
>
> *5.—Nos espera un porvenir más grande y mejor.*
>
> *Puede ser que estas previsiones no tengan el menor valor; sin embargo, tenedlas en cuenta y veremos lo que saldrá de todo esto."*

Ahora bien, nadie está naturalmente dispuesto a prestar mucha importancia a estas predicciones dirigidas a los diarios por aficionados oscuros, desconocidos; y aún así, puede resultar interesante ver "lo que salió de todo eso", para emplear la misma frase del llamado Haag. He aquí lo que pasó en realidad:

1.—El Senador Walsh murió el 2 de marzo, es decir el día anterior a la fecha en que fue escrita la predicción; el senador Hawell falleció el 10 de marzo, el mayor Cermak el 7.

2.—Del 7 hasta el 10 de marzo se desencadenó el infierno, en el sentido de que se produjo la crisis bancaria nacional y ocurrió el terremoto de California, éste, nueve días antes de la fecha indicada.

3.—Las opiniones pueden variar acerca del día en que se alcanzó "el punto culminante de la depresión"; de todos modos, éste no estuvo muy lejos del 13 de marzo.

De todo esto se deduce que la predicción de Haag fue algo más que una simple coincidencia.

En nuestros días hombres de ciencia de absoluta seriedad se ocupan de investigaciones psíquicas, de telepatía, de clarividencia y personajes eminentes como Madame Curie, Lord Raleigh, Alexis Carrel, no han tenido a menos el aparecer interesados en estos problemas.

En resumen, repetimos, son innumerables los ejemplos de falsas profecías en el curso de la historia de la humanidad; pero muchísimas predicciones hay, que, despreciadas y tomadas en broma por la mayor parte de los contemporáneos, se ven hoy cumplidas cabalmente en todos sus detalles.

Otras notables profecías antiguas se refieren a nuestros días, y por lo tanto es muy natural que provoquen en algunos de nosotros una curiosidad mezclada a cierto interés, y eso tanto más en cuanto, de acuerdo con los que creen a las profecías, muchas de las mismas, escritas o transmitidas por tradición, convergen desde hace siglos hacia la época actual y sobre los 60 años, aproximadamente, que todavía faltan para completar nuestro siglo.

En reserva a la verdad, la profecía es un tema sobre el que, hasta hoy, se han practicado relativamente escasas investigaciones científicas; pero, dispersas aquí y allá en los libros, existen muy numerosas e interesantes noticias que se refieren a las profecías.

Materia de este estudio, pues, es la observación objetiva de ejemplos de las unas y de las otras, especialmente por lo que se refiere a la abultada cantidad dejada por Nostradamus. Falsas o verdaderas, nos las demostrará la historia, en forma tal que el lector llegue a familiarizarse algo más con este interesante argumento y pueda, finalmente, hacerse su propio juicio.[3]

Los Editores

---

[3] Prólogo a la edición inglesa de marzo de 1940.

NOSTRADAMUS

El vidente más famoso que nunca haya aparecido en Europa, y, tal vez, el más célebre, con excepción de los Profetas sagrados de la Biblia fue sin duda Miguel de Nostradamus.

Goethe, mientras Fausto se halla en su tétrica habitación con el libro de las *Centurias* de Nostradamus entre las manos, pone en labios de su personaje estas palabras: Pero, entonces fue un dios el que escribió estas páginas...

En el siglo XVI, el siglo más brillante del Renacimiento, tal vez ningún otro ser humano tenía una posición más expectable que la de Nostradamus; y se puede decir sin temor a exagerar en lo más mínimo, que en toda la historia europea nadie aparece tan dotado, de extrañas y anormales facultades de clarividencia, como este médico provenzal de ascendencia judáica, que sin embargo era sinceramente cristiano.

Tan rápida y sorprendentemente se propagó su fama, que en el breve espacio de quince años toda Europa se interesó por él, entre curiosa y perpleja; y reyes y reinas, sin contar a los personajes menores, le mandaron llamar, sacándolo de su modesto refugio, de su apacible casa en la pequeña ciudad provenzal de Salon, para utilizarlo como astrólogo y vidente.

Nostradamus en El Louvre

Catalina de Médicis, aun cuando venía a la Ciudad Luz desde la cuna del escéptico Renacimiento, es decir, desde Florencia, era, como muchas damas de su tiempo, creyente y docta al mismo tiempo en cosas de astrología, de signos premonitorios y de predicciones.

No puede extrañar, pues, que haya tenido a Nostradamus en gran estimación.

Además, también por su esposo, Enrique II de Francia, aunque menos inclinado a creer en los misterios del ocultismo y de la clarividencia, había quedado impresionado por todo lo que se decía del famoso médico.

Enrique II conocía la cuarteta que lleva el No. 35 en la Primera *Centuria,* comprendida en el libro que Nostradamus le había dedicado, y en la cual se predecía que el rey perdería un ojo, dentro de una jaula de oro, y que el rey por eso moriría de una muerte espantosa; escéptico o crédulo, el rey había quedado preocupado por esa profecía, con tanta mayor razón por cuanto, algunos años antes, otro vidente, Lucas Gauric le había aconsejado de evitar cualquier torneo o duelo, especialmente al cumplir 41 años de edad. Por esta razón, perplejo e inquieto quiso conocer a Nostradamus; y, el famoso vidente, Claudio de Saboya, gobernador de la Provenza, recibió el encargo de preparar una visita de Nostradamus a la capital de Francia.

Tenía Catalina entonces tres hijos varones, que constituían su mayor ambición y su gran orgullo; y deseaba, a cualquier precio, saber lo que el destino les reservaba a ellos y a si misma, interrogando personalmente a Nostradamus.

Se acordó pues que el vidente, que tenía entonces 53 años de edad, utilizaría los caballos del correo real, teniendo en cuenta que era un personaje de gran distinción y saber, y que viajaba por invitación del monarca. Así se hizo, y Nostradamus llegó a París, al cabo de un mes de viaje, por cierto no muy cómodo, exactamente el 15 de agosto de 1556.

Acababa Nostradamus de poner pie en el albergue de San Miguel, cerca de la catedral de Notre-Dame, cuando llegó el jefe militar de Francia, para anunciarle que el rey y la reina le esperaban con gran impaciencia. Está por demás decir que el vidente fue en seguida al Louvre, donde se había dado cita toda la Corte, damas, gentileshombres y pajes, para ver al gran sabio. Pero los soberanos no permitieron que nadie lo entretuviera, y dieron orden de que fuera llevado inmediatamente a las reales habitaciones.

Los Tres Hijos de Catalina de Médicis

Sobre todas las cosas que los soberanos deseaban saber, estaba, lo repetimos, el destino reservado a sus tres hijos. Nostradamus fue llevado a Blois, donde los pequeños príncipes gozaban de la vida campestre; allí los vio, jugó con ellos sin intimidarlos, y, de vuelta en la Ciudad Luz, comunicó a los cónyuges reales los graves peligros que amenazaban a los tres niños. Agregó, sin embargo, que cada uno de ellos ocuparía un trono.

La ambiciosa Catalina, quien, sin duda, soñaba ver a sus hijos ceñir las coronas más preciadas y poderosas de Europa, no entendió lo que la profecía pudiera significar, como realmente indicaba, que uno tras otro los hijos habrían de morir, dejando en herencia el trono de Francia al más cercano por orden de edad.

Fatalmente, lo que Nostradamus predijera, se cumplió.

Durante su breve estancia en París, el vidente estuvo literalmente sitiado por príncipes y cortesanos, que le colmaron de regalos y cortesías, con la esperanza de conseguir del mismo algún pronóstico acerca de su porvenir.

El célebre poeta Ronsard lo festejó en unos versos muy conocidos, apostrofando a los incrédulos de esta manera:

"Os burláis de los profetas enviados por Dios y por Él elegidos entre vuestros propios hijos. ¡Los invitáis a vuestras reuniones para saber las desventuras que os están reservadas, y, luego, os reís!".

No faltaba, en efecto, quienes se reían del vidente, burlándose de su sabiduría, pues tal era la característica del Renacimiento, escéptico y descreído. Se recuerda a este respecto, que otro poeta, Jodelle, escribió contra el vidente de Salon y sus colegas un dístico en latín, fundado especialmente sobre un juego de palabras:

Nostra damus cum falsa damus, nam fallere nostrum est, Et cum falsa damus, nil nisi nostra damus.

Lo que quiere decir: *Danos algo nuestro al mentir, porque nuestro oficio es engañar; y cuando damos falsedades, no damos otra cosa que lo nuestro.*

El Perro Extraviado

Sea como fuere, la fama de Nostradamus fue constantemente en aumento; y se le consultaba, prácticamente, en todas las circunstancias.

Por ejemplo, una vez un paje del rey, perteneciente a la noble familia de Beauveau, había perdido un perro de gran valor y, con la despreocupada indiscreción e ingenuidad propia de los jovenzuelos, llegó, tarde en la noche, a golpear a la puerta del vidente, para saber del mismo, dónde hubiera podido dar con el animal.

Nostradamus se acercó a la puerta, y desde el interior, sin abrir, antes todavía de que el visitante nocturno le dijera lo que venía a pedirle, le gritó:

—¿Qué quieres, tú, paje del Rey? ¡Cuánto ruido por un perro extraviado! Corre el camino que conduce a Orléans y lo hallarás, llevado con la traílla.

Pasmado y satisfecho al mismo tiempo, el paje corrió al camino indicado, y, en efecto, vio venir a su encuentro a un sirviente, que traía al perro atado a la traílla...

Episodios de esta naturaleza —y ellos fueron muy numerosos— no hacían más que aumentar la ya enorme celebridad de Nostradamus en esa época. Pero, después de su muerte, los estudiosos se han interesado especialmente por sus predicciones, desde un punto de vista mucho más serio. Y lo han seguido haciendo durante casi cuatro siglos.

Y no puede afirmarse que estos estudiosos sean unos recién llegados, hombres sin antecedentes que hayan querido ligar su nombre a la fama del gran vidente: entre ellos están novelistas como Víctor Hugo y Alejandro Dumas y sabios como Ernesto Renan.

Hasta hoy no han sido explicadas, o, mejor dicho, interpretadas, todavía todas las cuartetas proféticas (aproximadamente un millar) que nos dejara Nostradamus en sus diez *Centurias*. De las interpretadas, además, muy pocas son ciertamente las que podamos citar aquí, por la naturaleza de este ensayo, y lo haremos solamente como para ofrecer algunos ejemplos. Miles de páginas serían insuficientes para pasar reseña únicamente a todas las predicciones del vidente de Salon, que han tenido cumplimiento.

El Rey Monóculo

Hemos aludido a la predicción que se refería a Enrique II de Francia. Ahora bien la cuarteta No. 55 de la tercera *Centuria*, en la cual está contenida, reza literalmente así:

En l'an qu'un oeil en France regnera,
La Cour sera en un bien fascheux trouble;
Le Grand de Blois son ami tuera;
le régnue mis en mal et doute double.

Le Pelletier, el más famoso y hábil entre los intérpretes de Nostradamus, traduce y explica esta cuarteta de la siguiente manera:

En el año en que reinará en Francia un monóculo, la Corte se encontrará en serias díficultades. El Grande de Blois matará a su amigo;[1] *el reino, caído en la ruina será dividido.*

[1] La construcción exacta sería: *El amigo del Grande de Blois le matará;* con otras palabras, teniendo en cuenta la forma deliberadamente tortuosa de Nostradamus: *El Grande de Blois será asesinado por su amigo.*

Y bien, como ya hemos adelantado en las primeras páginas, en un "pase de armas" durante un torneo, Enrique II, que tenía puesto un casco de oro (la jaula de oro de la que habla la profecía precedente) fue herido con un golpe de lanza por su contrincante Montgomery, y tan gravemente, que la punta del arma, pasando a través de la visera del casco le perforó un ojo, por lo que fue convertido en monóculo. En el breve período en que sobrevivió todavía, después de la espantosa herida, era, pues, "un monóculo que reinaba en Francia".

Y no hay duda, además, que después de su muerte, acaecida en el año 1559, se inició para Francia una época de grandes dificultades. Durante el reinado de su sucesor inmediato, el débil y enfermizo Francisco II, los Hugonotes comenzaron a alcanzar un poder formidable. Luego el joven rey, el 17 de noviembre de 1560, sufrió un desvanecimiento y falleció en el mes de diciembre siguiente.

Fue en esa oportunidad que el embajador de Venecia en París escribió al Dux Michieli:

> *Aquí todos los cortesanos recuerdan la profecía de Nostradamus, y en voz baja, bordan sus comentarios alrededor de los acontecimientos.*

A la muerte de Francisco II subió al trono Carlos IX, entonces apenas un niño de 10 años; y hasta su mayor edad, llevó las riendas del estado, la madre, Catalina de Médicis. Durante su reinado se cumplió la matanza que se conoce con el nombre de "Noche de San Bartolomé".

Como su hermano murió joven también al cumplir apenas los 24 años de edad. Subió entonces al trono el tercer hijo de Catalina, Enrique III. Él también, como había preanunciado Nostradamus, "ocupó un trono", el mismo que sus hermanos. ¡Cómo se habrá recordado entonces la astuta y ambiciosa Catalina de la misteriosa y sin embargo clarísima profecía!

Durante su reinado, Enrique II reunió en Blois los Estados Generales, y en ese castillo hizo asesinar a traición al noble que llamaba su amigo, Duque de Guiza *(el Grande de Blois* de la predicción).

Ese asesinato precipitó virtualmente la guerra civil; y París estaba en abierta rebelión, cuando Enrique III, en el año 1589, trató de sitiarla, pereciendo víctima, a su vez de ese monje fanatizado que se llamó Santiago Clément.

Muchos años antes, pues, Nostradamus había previsto exactamente lo que habría acontecido en Francia, después del reinado del "monóculo".

Pero el gran vidente no se limitaba a predecir acontecimientos a corto plazo, por que en cambio, sus *Centurias* contienen profecías que se proyectan mucho más allá en los siglos como él mismo lo advirtiera en el prefacio de su obra.

Por desgracia no todas esas profecías son claras, accesibles, como ya dijéramos y menos aún interpretadas. Sin embargo, claras y muy comprensibles, muy evidentes, en fin, son varias entre ellas, y algunas aparecen como extraordinariamente exactas, vistas hoy a la luz de los sucesos que fueron cumpliéndose.

Enrique III

Un estudioso alemán, que ya hemos citado anteriormente, el doctor Maximiliano Kemmerich, por ejemplo, admira sin tasa la siguiente cuarteta, que se refiere a ese mismo Enrique III:

Le Rey-Roy n'estre, du Doux la pernicie,
L'an pestilent, les esmeus nubileux.
Tien, qui tiendrá, des grands non letitie;
Et passera terme de cavilleux.

Este es aparentemente un verdadero enigma, aun tratando de traducirlo libremente y con la mayor fidelidad conceptual, por lo que permite la oscuridad de las locuciones empleadas.

El Rey-Rey no es más matado por el Dulce, en ese año pestilente en el cual los revoltosos no saben lo que deben hacer. El que tiene, tendrá, con disgusto de los grandes; y pasará más allá del límite de los burladores.

Obscuro y complicado es todo esto. Sin embargo, la alusión a Enrique III es evidente: Enrique habiendo sido antes rey de Polonia y luego rey de Francia, es definido

Rey-Rey por el vidente, vale decir dos veces rey. El mismo fue asesinado por Santiago Clément, es decir "Clemente" puede ser refutado aquí por Nostradamus como sinónimo de "Dulce". Veremos a este respecto, digámoslo de paso, que también en otras ocasiones el vidente se ha servido de sinónimos y hasta de anagramas.

Además, el asesinato de Enrique III se realizó en un período de luchas civiles y religiosas, cuando los "revoltosos", es decir los rebeldes de París, a las órdenes de la Duquesa de Montpensier y del hermano, no sabían ya qué hacer para desembarazarse del soberano inoportuno.

La frase *el que tiene, tendrá* se refiere evidentemente a Enrique de Navarra, quien había estipulado la paz con Enrique III para reconquistar a París, y luego subió al trono a su vez con el nombre de Enrique IV.

Con disgusto de los grandes, luego, es una frase suficientemente clara y transparente, por cuanto los príncipes mayores del reino no podían tolerar que aspirara al trono de Francia el rey de la minúscula Navarra, por añadidura protestante, y eso aunque hubiera ya conquistado gran parte del país.

Y, finalmente, *pasará más allá del límite de los burladores,* quiere indicar con toda evidencia que Enrique, si hubiera persistido, hubiera concluido por vencer, llegando más lejos de lo que habían previsto los "burladores", es decir sus adversarios, que se habrían visto obligados a inclinarse ante él como realmente aconteció.

Ahora bien, ¡todo esto sucedía alrededor de 30 años después de la muerte de Nostradamus!

Enrique IV

En otra cuarteta, el vidente se refiere al mismo Enrique de Navarra, o Enrique IV, a quien se relacionan a menudo sus predicciones. Hela aquí:

Au chef du monde le grand Chyren sera
Plus outré aprés aymé, criant, redouté;
Con bruit dans les cieux surpassera
Et du seul titre victeurfort content.

Anticipando que Chyren es el anagrama de *Henric* (antigua forma de Henry o Enrique), la cuarteta transcripta significa:

El gran Enrique será, a la cabeza del mundo, (es decir, ocupando el trono mayor del mundo, como lo era entonces el de Francia) *mas injuriado después de haber sido más querido, denigrado y temido. Su fama y su esplendor sobrepasarán los cielos; pero él se considerará safisfecho solamente con el título de vencedor.*

Basta conocer, aunque sea superficialmente, la historia de Francia, para saber que Enrique de Navarra, cuando era pobre y prófugo, fue muy querido, especialmente por los Hugonotes, que reconocían en él a su jefe, y hacían por él con placer cualquier sacrificio impuesto por las circunstancias.

Cuando subió al trono de Francia, después de haber renegado públicamente en la catedral de Notre-Dame, sus mismos secuaces, imitando a sus antiguos adversarios, le denigraron, aun cuando más tarde se doblegaron a su poder y le temieron. Fue así tal vez el rey más popular de Francia y también su gloria fue grande; pero él, bondadoso como siempre fue, se conformaba con ser el vencedor solamente y no se encarnizó contra nadie en estúpidas venganzas.

Cuando el mismo Enrique era todavía un niño de apenas 10 años, Nostradamus lo vio y pidió al preceptor que lo acompañaba que lo desvistiese, para poder examinarlo cómodamente. El preceptor hubiera accedido, pues sabía muy bien que era el sabio que le formulaba tan extraño pedido; pero el futuro rey de Navarra se negó tercamente a dejarse desnudar, asustado —como él mismo confesó más tarde— por la luenga barba y el aspecto del vidente, temiendo que el mismo quisiera azotarle. A la mañana siguiente, sin embargo, mientras todavía estaba en la cama, el preceptor, antes de ponerle la camisa, hizo entrar en la habitación a Nostradamus.

El sabio médico y vidente pudo así ver desnudo al niño, y, después de haberle contemplado en silencio, se volvió al preceptor y le dijo:

Si Dios os da vida hasta entonces, tendréis por Señor a un príncipe que será al mismo tiempo rey de Francia y de Navarra.

Otra cuarteta de Nostradamus, la No. 18 de la novena *Centuria,* reza:

Le Lys Dauffois portera dans Nanci
Jusque en Flandres, electeur de l'Empire;
Neusves obturés au gran Montmorency
Hors Lieur prouvés delivré a clere peyne.

Lo que suena en castellano: *El Delfín llevará el lirio a Nancy y hasta Flandes para el elector del imperio. Una nueva cárcel para el gran Montmorency, que lejos de los lugares acostumbrados, tendrá una pena ejemplar.*

Hemos traducido *clere peyne, o* en francés más moderno *claire peine,* con *pena ejemplar,* pues ese hubiera sido el significado de las dos palabras. En cambio, el vaticinio de Nostradamus era aún mas exacto de lo que se pudiera creer. Y los acontecimientos previstos se desarrollaron de esta manera:

El título de Delfín, para el heredero de la corona francesa había caído hacía mucho en desuso, y Luis XIII fue el primero que volvió a usarlo, cuando todavía no había alcanzado el poder, tanto que bien pudo llamarse "el Delfín" por antonomasia.

Ahora bien, el 24 de septiembre de 1633, vale decir, varias décadas después de la muerte de Nostradamus, las tropas de Luis entraron en Nancy (llevando de esta manera el "Lirio de Francia" a esta ciudad).

Nancy era la capital de la Lorena, que no solamente no estaba sometida a Francia, sino que ayudaba a los rebeldes franceses. Dos años más tarde, Luis pasó a Flandes, para socorrer al Elector de Tréveris que los españoles habían encarcelado en Bruselas, y, por represalia, asaltó a Lovaina.

Más o menos en el mismo período, es decir en 1632, Enrique Montmorency, que se había sublevado contra su rey, fue encarcelado en Tolosa en una cárcel construida hacia poco (nueva). Luego fue entregado a un soldado que debía decapitarle, y que lo decapitó, en efecto, el 13 de octubre, no en el lugar destinado a las ejecuciones, que se encontraba en una plaza pública, sino a los piés de la estatua de Enrique IV, que habia sido en vida padrino del condenado.

Podría creerse que esta era la pena ejemplar, a la que había aludido Nostradamus; en cambio, lo que es realmente más extraordinario aún ¡el vidente predijo hasta el nombre del soldado que debía cortar la cabeza de Montmorency, que se llamó exactamente Clarepeyne!

Por lo que se refiere a Montmorency, Nostradamus le aplica el calificativo de "grande", por cuanto con ese adjetivo se le conoce en la historia, puesto que a los 17 años era ya almirante de la flota real.

No faltan otros ejemplos parecidos en las *Centurias;* y hay quien refuta positivamente que Nostradamus, si lo hubiera querido, hubiese podido revelar hasta los nombres de las personas y de los lugares, a que se referían los acontecimientos previstos por él. El mismo, por otra parte, en el prefacio de las *Centurias,* dirigido a Enrique III, declaraba que hubiera podido indicar exactamente las fechas mismas.

Luis XIV

Citemos otra cuarteta más, que tiene una importancia particular, por cuanto, hallada entre los manuscritos del vidente, fue agregada a las *Centurias,* en 1605, es decir, 40 años después de su muerte:

Quand le fourchu sera soustenu de deux paux
Avec six demy corps et six c'seaux ouverts...,
Le trés puissant seigneur, héritier des crapaux
Alors subjuguera sous soy tout l'Univers.

Lo que traducido literalmente, quiere decir:

Cuando el ahorquillado será sostenido por dos palos con seis medios cuerpos[2] *y con seis tijeras abiertas el muy poderoso señor heredero de los sapos, subyugará todo el universo.*

[2] El autor, un poco por seguir a los comentadores de Nostradamus y otro poco por una interpretación personal, traduce *Corps* por *cuernos,* haciendo notar que el vidente hubiera debido decir *cors*. Es posible. Pero, dado que estos *demy corps* significan una *C,* parece obvio traducirlos con medios cuerpos o esferas, consideran que un astrólogo como Nostradamus, acostumbrado a llamar a los planetas *cuerpos celestes*, empleará pues la palabra *corps.*

En un primer momento, diríase que estos versos son todavía algo más difíciles y complicados que una adivinanza, y que además, parecerían carecer totalmente de sentido. En cambio, he aquí la interpretación ofrecida por los estudiosos que la han comentado:

Los primeros dos versos indican una fecha.

Cuando el *ahorquillado* (es decir la V) *será sostenido por dos palos* (es decir una V, con los dos rasgos —palos— verticales unidos a los costados como sostenes, se torna M con las seis medias esferas o medias lunas (la C) y con seis tijeras abiertas (la X).

¿Qué resulta de ésto?

Una M, seis C, seis X, es decir, un número romano: MCCCCCCXXXXXX, que se lee 1660.

El heredero de los *sapos* es el rey de Francia, es decir, el heredero de los Merovingios, cuyo emblema era el sapo, como para los descendientes de Capeto lo era el lirio.

La profecía pues significa:

"En el año 1660 el gran señor de Francia conquistará a todo el mundo" o bien "será el mayor soberano del mundo".

Veamos ahora lo que sucedió en 1660.

En ese año Luis XIV se casó con María Teresa de España, después de haber firmado, hacia fines de 1659, la llamada Paz de los Pirineos. En los primeros meses de 1661 murió el Cardenal Mazarino, quien, en su calidad de Primer Ministro, había concentrado en sus manos todo el poder. Y Luis, a los 22 años, se convirtió en el verdadero dictador de Francia, el Gran Soberano del mundo civilizado, venciendo reiteradamente a sus enemigos.

El Imperio Inglés

La mayor parte de las profecías de Nostradamus se refieren a Francia y al mundo latino; pero no faltan las que corresponden también a otros países y estados, como por ejemplo, Inglaterra.

Tomemos, como muestra, la cuarteta No. 100 de la 10ª *Centuria.*

Le grand empire sera par Angleterre
Le pempotam des ans plus de trois cens.
Grandes copies passer par mer et terre,
Les Lusitains n'en seront pas contens.

Traducido literalmente esto significa:

El gran imperio será para Inglaterra (y quedará) *el más poderoso*[3] *por más de 300 años. Gran abundancia pasará por mar y tierra. Los portugueses no estarán nunca contentos.*

Ahora bien, en la época de Nostradamus, Inglaterra era una de las potencias menores de Europa; y la destrucción de la gran escuadra española llamada la *invencible Armada,* que robusteció grandemente su poderío marítimo aconteció en el año 1588, es decir, 22 años después de la muerte del vidente.

En ese momento comienza la verdadera ascensión de Inglaterra hacia la mayor potencialidad, y no caben dudas de que los hombres y mercaderías han pasado por los mares y por las regiones del mundo, en cantidad enorme, durante el curso de la historia imperial de esa nación.

Y que los portugueses (lusitanos), y también los españoles, no podían estar muy contentos con esta circunstancia, es cosa muy fácil de comprender. En efecto, basta tener en cuenta que los portugueses, por ejemplo, eran los europeos que dominaban en la India, y los españoles tenían grandes posesiones en las Indias Occidentales.

Un famoso comentarista francés de Nostradamus, Charles Nicollaud, aludiendo a la obscura e imprecisa indi-

[3] La palabra deliberadamente misteriosa *pempotam* parecería compuesta con el griego *pan* (todo), que escrito *pem* se podía pronunciar precisamente pan y con el latín *potens,* que leído a la francesa se trocaba en *potan:* Licencias nada nuevas para Nostradamus, por cuanto trataba de ser lo más obscuro posible a pesar de querer predecir la verdad. Así *pempotam* equivaldría literalmente a "potente en todas partes".

cación "por más de trescientos años", recuerda que lo que dio el mayor impulso a la marina de Gran Bretaña fue lo que pasó bajo el nombre de *English Navigation Act,* por el cual se prohibía a los barcos extranjeros la importación en Inglaterra de mercaderías que no provenieran de regiones pertenecientes a la corona británica. Este *Navigation Act,* fue promulgado en el año 1651. Si se agregan a esta fecha los tres siglos del caso, dice el comentarista, se puede considerar como fecha de la declinación o destrucción del poderío inglés el período que va desde 1941 a 1951. Tal vez logremos verlo. De todos modos, Nicollaud no es por cierto Nostradamus.[4]

[4] Con el mayor respeto por el Autor y por sus preocupaciones patrióticas, mejor dicho raciales, se puede observar aquí que Nostradamus en la cuarteta citada no ha definido la duración del período de la decadencia del Imperio Britanico. pero sí el hecho. Un "profeta" es siempre tal aun cuando revela necesidades desagradables y el mismo Autor lo ha manifestado más de una vez. De cualquier manera, que el poder naval inglés con el relativo "imperio" comience con la destrucción de la armada española puede creer a Nostradamus en ésta como en tantas otras cosas. y el poderío citado debería concluir poco más allá del final del siglo XIX. Y no ciertamente más lejos de la fecha indicada por el comentarista francés.

Otras Notables Profecías de Nostradamus

El comentarista francés citado anteriormente, Charles Nicollaud, llama la atención de los estudiosos sobre ese "olfato" o sentido especial (sexto sentido) que pareció poseer Nostradamus, para presentir las revoluciones futuras.

En efecto, no sólo predijo la Revolución francesa, sino también la inglesa del año 1648, que se cumplió en realidad alrededor de un siglo después de su muerte.

En la cuarteta No. 22 de la décima *Centuria* afirma que el rey de las islas será expulsado por la fortuna, y en su lugar subirá alguien (Cromwell, con toda evidencia histórica), que no tendrá en su persona un solo rasgo de realeza, y en otro lugar anuncia muy abiertamente:

Senta de Londres mettront á mon leur Roy

Vale decir: *El Senado de Londres* (el Parlamento) *mandará al rey a la muerte.*

Y Carlos I, como todos sabemos, después de haber sido sometido a proceso, con mayor o menor ecuanimidad, ante el Parlamento, fue condenado a muerte y decapitado.

Cromwell

Además, y tal vez llevado a ello por sus fervientes sentimientos realistas, porque aquí no se trata exclusivamente de una profecía, sino también de una apreciación del todo personal, el vidente a propósito de Oliverio Cromwell, dice:

Plus Macelin que Roy en Angleterre.
Lieu obscur n'ay par force aura l'empire.
Lasche sars foy, sans loys saignera terre.
Son tempe s'approche si prés queje soupire.

Lo que traducido suena: *Más Macelino que rey en Inglaterra, venido de la oscuridad, se apoderará a la fuerza del imperio. Cobarde sin fe ni ley, verterá sangre en su tierra.* (Literalmente: *la sangrará). Su tiempo se acerca tanto, que yo suspiro.*

Ahora bien, Macelino, o mejor Marcelino, fue un emperador romano que hizo degollar a sus propios esclavos. Y este juicio acerca de Oliverio Cromwell aparece como exageradamente severo.

Luego, siempre sobre el mismo argumento, en la cuarteta No. 56 de la octava *Centuria* escribe el vidente:

Le vieux frustré du principal espoir
Il parviendra au chef de son empire.
Vingt mois tiendra le regne á gran pouvoir.
Tiran, cruel en delaissant un pire...

Es decir: *El viejo, anulado en su esperanza principal, llegará al apogeo de su imperio. Veinte meses conservará el reino con poderes absolutos. Tirano* (y será aún más que tirano) *cruel dejando después de sí otro peor que él.*

Realmente, Oliverio Cromwell, después de haber disuelto el Parlamento en el año 1655, gobernó durante 20 meses a Inglaterra como un dictador absoluto. El nuevo Parlamento, en 1657, le ofreció la corona real, pero él la rechazó.

Por lo que dicen sus adversarios, hizo esta renuncia por razones políticas del momento, en la confianza de poder asumir la corona más tarde, es decir, cuando no fuera ya tan evidente y chocante la contradicción implícita en el hecho de que un republicano, después de haber derribado un trono y haber hecho ejecutar a un rey, tomara ingenua o atrevidamente su lugar.

No está, naturalmente, demostrado que movieran a Cromwell razones de esta naturaleza; de todas maneras, según Nicollaud, es justamente esto lo que Nostradamus pretendía decir o predecir en el primer verso de la citada cuarteta. Cromwell murió el año siguiente; y dejó el poder del gobierno a su hijo, el débil Ricardo, que debía ser "peor que él".

La declinación o decadencia de la monarquía francesa, comenzada con Luis XV; el *commun advénement* o advenimiento de las fuerzas populares al poder; Napoleón; los ataques contra el Papado y la Iglesia; he aquí los argumentos que brindan a Nostradamus el material para una serie de predicciones muy interesantes, casi increíbles, y algunas de ellas de una lucidez y claridad impresionantes.

Luis XV y la Regencia

Por ejemplo, la cuarteta No. 15 de la tercera *Centuria,* que citaremos en seguida, se refiere con admirable precisión a los acontecimientos que llevaron al trono de Francia a Luis XV y que determinaron la situación del estado francés en esa época.

Coeur, viguer, gloire, le regne changera,
De tous points contre ayant son adversaire,
Lors France enfance par mort subjuguera,
Un grand Regent sera lors plus contraire.

Traduzcamos: *En el corazón, en el vigor, en la gloria, cambiará el reino, teniendo en todos los puntos a su adversario en contraposición.* (¿Estará dicho en sentido general? Vale decir: ¿siendo el reino combatido en todos los puntos?) *Entonces un niño subyugará a Francia por muertes* (que habrán sobrevenido); y *un gran Regente será entonces aún más contrario* (al reino).

Y bien, el niño que subyugó a Francia, en el sentido que fue su Benjamín, es Luis XV, quien subió al trono a la edad de cinco años, después de la muerte del abuelo, el Delfín, y del padre, el duque de Borgoña.

Francia quiso a este real niño con tanta simpatía y tanto afecto, que le llamó Luis el Muy Amado.

El Parlamento nombró luego Regente a Felipe de Orléans, aprovechando sin embargo de esa oportunidad para reclamar su "derecho de protesta". Pero, sea porque, reconociendo ese derecho, la monarquía comenzaba por perder su carácter netamente absolutista, sea porque la Regencia determinó uno de los períodos de mayor corrupción de la historia de Francia, es evidente de toda evidencia que Nostradamus no previó acaso, que "un gran Regente" hubiera llegado a ser entonces "más contrario", es decir, más perjudicial, más fatal para la monarquía.

La cuarteta que sigue, la No. 38 de la quinta *Centuria,* es considerada por la mayor parte de los intérpretes y comentaristas, como un parecidísimo retrato del rey Luis XV, tan diferente en energía y capacidad de su predecesor, Luis XIV:

Ce grand monarque qu'au mort succedera
Donnera vie ilicite lubrique

Par nonchalance á tous concedera,
Qu'á la parfin faudra la loy Salique.

Dicho en castellano: *Este gran rey que sucederá al otro fallecido, llevará una vida ilícita* (obscena) y *lúbrica. Por negligencia concederá a todos (a* sus favoritos y especialmente, a sus favoritas), *tanto, que al final habrá que apelar a la ley sálica.*

Nadie ignora que ninguno de, los antecesores de Luis XV llevó una vida tan escandalosamente disoluta como éste. Eran aquellos los tiempos en que dominaban las favoritas, entre las que es suficiente citar a la marquesa de Pompaduor y a la Dubarry; por eso el último verso de la cuarteta debe ser interpretado de esta manera:

"Tanto dominarán las mujeres de esta clase, a las que, por debilidad, el soberano concederá todo, que al final será necesario reponer en vigencia la ley sálica, por la cual se establece que deben reinar solamente los varones".

De la *nonchalance,* de la inercia, negligencia o debilidad de Luis XV, no es necesario hablar, basta recordar su famosa frase:

Apres moi le deluge. (Después de mí el diluvio).

Del sucesor, Luis XVI, Nostradamus ofrece un retrato y una profecía no menos sorprendentemente exactos.

Veamos, en efecto, la cuarteta No. 42 de la décima *Centuria* que se refiere al desdichado monarca.

Le trop temps de bonté royale,
Fais et deffais prompt subit negligence.
Legier croira faux d'espouse loyable.
Luy mis á mort par benevolence.

Y traducido: *¡Demasiado buen tiempo de real bondad! Él hace y deshace, de improviso, luego negligente. Con toda liviandad creerá a las falsedades que le dirá su esposa digna de loa.* (Otros interpretan: *Levemente digna de alabanza). Por su benevolencia será condenado a muerte.*

Como comentario de estos versos proféticos, citaremos lo que escribió el canciller Pasquier, en sus "Mémoires" sobre el período de Luis XVI.

"Creo firmemente que nunca, aun desde el comienzo de la monarquía, Francia fue tan feliz como en este período.[1] He visto la magnificencia del Imperio, y después de la Restauración veo formarse cada día nuevas fortunas que surgen y crecen; pero nada ha igualado, a mi entender, el esplendor de París en los años 1783 y 1789."

En ocasiones parecidas, Rivarol llegó a decir con una frase feliz que no ha caído en el olvido: *La maladie du bonhuer les gagne,* es decir, "los afecta, los conquista la enfermedad de la dicha o de la buena suerte". Y la frase usada por Nostradamus, más de 200 años antes, *le trop bon temps,* hace la misma impresión que la de Rivarol, nos muestra el mismo cuadro; nos lo explica además.

[1] Debe entenderse sin duda, la Francia de los aristócratas pues todos saben lo que sufría el pueblo.

Por lo que se refiere al resto de la profecía, tan sorprendentemente exacta, hay que reconocer que hacía falta una gran valentía, un gran atrevimiento en el vidente, para predecir la ejecución de un rey de Francia, aún cuando ese soberano debía ser llevado a un cadalso por su excesiva benevolencia.

Pero Nostradamus no se limita a eso; llega hasta delinear los detalles de la fuga de Luis XVI de París, en una cuarteta (la No. 20 de la novena *Centuria)* que, por cuanto nos aparezca oscura, es interpretada por la mayoría de los comentaristas en el sentido de que el rey y la reina habían partido de noche a la capital, y habrían sido detenidos y arrestados en Varennes (como realmente aconteció); después la fuga habría causado tanta indignación y tal tempestad en la Nación, que al final se habría vertido sangre real, decapitando al soberano.

De nuict viendra dans le forest de Reines
Deux pars caultorte Hene la pierre blanche.
Le moyne noir en gris dedans Varennes,
Esleu cap cause tempeste, feu, sang, tranche.

Esta cuarteta ha sido interpretada por los estudiosos de tan distintas maneras, que no es posible dar su traducción exacta. Las claras indicaciones de Varennes y de la decapitación, son impresionantes, sin embargo. Todos pues concuerdan, repetimos, en considerar que se refiere a la fuga del rey y de la reina, de París, lo que parece evidente.

En una de las cuartetas subsiguientes de la misma *Centuria,* es decir en la No. 34, el vidente es todavía más minucioso y detallista, acerca de las tribulaciones del desdichado rey:

Le parte soluz mary sera mitré
Retour: conflict passera sur la thuille
Par cinc ceus: un trahyr sera tiltré
Narbon: et Saulce par coutaux avous d'huile.

Le Pelletier, el editor más esmerado y el comentarista más inteligente de las *Centurias,* después de haber explicado las locuciones pertenecientes al antiguo francés, traduce esta cuarteta de la manera siguiente:

Después de su retorno (de Varennes) *el marido será cubierto con la mitra. Un conflicto se desarrollará en las Tullerías* (residencia regia que tomó el nombre de la antigua forma thuille, teja). *Un traidor titulado será Narbon; y otro Sauce* (en francés antiguo, Saulce) *guardián de los odres de aceite de sus entenados.*

No cabe la menor duda de que en la forma exterior Nostradamus es aquí más que nunca enigmático, oscuro; pero él mismo afirma que trató a menudo de expresarse deliberadamente en tal forma, como, por otra parte, todos los profetas, los videntes, los oráculos y los adivinos, que se expresaban siempre por metáforas. Pero, no bien se logra penetrar en estas tinieblas, se halla previsto en forma que sorprende, un grave período de la historia de Francia, y eso en poquísimos versos.

Veamos, pues. Una fecha fatídica de la Revolución Francesa fue el 20 de junio. El 20 de junio de 1789 los diputados del Tercer Estado en el Frontón de criquet, juraron no separarse; el 20 de junio de 1791 Luis y María Antonieta huyeron de París; el 20 de junio de 1792 se efectuaron las manifestaciones en masa de los Girondinos, el asalto a las Tullerías y la imposición al rey del gorro frigio. Todos sabemos, en efecto, que el débil monarca "consintió" —eufemismo que en este caso equivale a "se dejó imponer"— a aparecer al balcón con el gorro frigio enfundado en la cabeza.

Cabe notar aquí que las mitras episcopales, en los tiempos de Nostradamus, eran precisamente de color rojo, de seda roja, como el gorro republicano, tanto que resulta evidente la amarga y dolorosa ironía con la que afirma que el rey será "cubierto con la mitra" *(mitre)*.

Finalmente, Luis, *le part soluz maty,* se hallaba realmente solo en la sala del *Oeil-de-Boeuf,* cuando tuvo que aceptar la imposición del gorro frigio; María Antonieta, en efecto, se hallaba con el Delfín en la sala del Consejo.

Por lo que atañe al palacio de las Tullerías, al cual Nostradamus alude con impresionante claridad con la palabra *thouille,* de la cual tuvo origen, lo repetimos, el nombre del famoso edificio, es digno de notar que no existía en la época del vidente.

En efecto, Catalina de Médicis comenzó la construcción de ese palacio, sobre un terreno en el cual había existido una fábrica de tejas, o *thuiles,* recién en el año 1564, es decir mucho tiempo después de la publicación de las *Centurias* de Nostradamus.

Entonces la residencia usual y normal de los reyes de Francia en París era el Louvre; y en la época de Luis XVI los soberanos residían generalmente en Versalles.

Fue el 5 de octubre de 1789 que el pueblo obligó a los soberanos a tomar habitación en las Tullerías. Los 500 que asaltaron este palacio residencial fueron los federales de Marsella, que, con la matanza de la Guardia Suiza, pudieron penetrar en las reales habitaciones.

Por lo que entran en la cuenta Narbon y Sauce, de quienes habla Nostradamus, he aquí quienes eran. El conde Luis de Narbona-Lara fue ministro de guerra de Luis XV, había sido educado en la Corte y había llegado a ministro a la edad de 36 años. De él se decía que en esos años de calamidad jugaba a un "doble juego", es decir, que trataba de congraciarse al mismo tiempo a la aristocracia y al pueblo, con la única consecuencia que resultaba sospechoso para una y otro.

Más tarde fue de improviso alejado de su altísima situación con una cortante y fría carta real. Su carrera en lo sucesivo tuvo varios altibajos, pero no es bien conocida; sólo sabemos que llegó a ser embajador de Napoleón en Viena. Desde el punto de vista de Nostradamus, ferviente monárquico, no podía ser por lo tanto más que un traidor, y el vidente ha de haber "visto" algo que lo determinara a condenarlo así y que la historia no nos ha dicho.

Sauce, o en la antigua forma francesa: Saulce, fue un pequeño mercader y hostelero, intendente de Varennes; fue él quien reconoció en esa ciudad al rey, que vestía un sobretodo gris (el *moyne noir en gris* de la penúltima cuarteta citada más arriba), haciéndolo detener y llevar de vuelta a la capital como prisionero. Sauce descendía de una familia de pequeños comerciantes, y eso explica por qué Nostradamus dice con ironía, que "era el guardían de los odres de aceite de sus entenados". Además se sabe también que, precisamente en el negocio de Sauce, María Antonieta permaneció varias horas, sentada entre varias pilas de velas de sebo, conversando con la esposa del hostelero. De paso diremos que, por el arresto del Rey, la Asamblea decretó una recompensa de 20,000 livres a Sauce por su acto de patriotismo.

Ahora bien, después de haber citado estos ejemplos, necesariamente pocos por la carencia de espacio y por la necesidad de evitar el aburrimiento, ¿es extraño que generaciones de estudiosos y comentaristas hayan sido atraídos por las *Centurias* de Nostradamus, para tratar de explicar sus predicciones y levantar así el velo que las envuelve por expresa voluntad del mismo autor? Y, ¿puede sorprender tal vez que Goethe, como ya recordamos en una cita anterior, hiciera decir a Fausto: Pero, entonces fue un dios el que escribió estas páginas...

No, no fue un dios, sino un ser humano extraordinario y absolutamente excepcional, con su historia cabalmente humana, que veremos como fue vivida, en las páginas que siguen.

El Mayor Vidente de Europa

La Gran Dispersión (diáspora) de los Judíos, que tuvo lugar después de la caída de Jerusalén y la destrucción del Templo por orden de Salomón, en el siglo primero, desbandó a los vencidos, es decir, en Egipto, en los distintos países de Europa, y hasta en la China. Un número considerable de prófugos (libres estos en el sentido de que no habían sido llevados en esclavitud por los Romanos vencedores) se refugió en la Provenza, donde algunos se convirtieron en comerciantes de especies, de sedas, de ricas telas que importaban de Oriente; otros llegaron a ser médicos, artistas, maestros, y en su mayoría se convirtieron al cristianismo.

El Origen de Nostradamus

Mas, sobre todo se dedicaban a la medicina los más doctos entre ellos, tal vez porque esta ciencia no había aún progresado mucho y en cierto modo se fundía con la astrología, como veremos más adelante.

El buen rey Renato de Provenza tenía en su Corte dos de estos médicos-astrólogos: Juan de Saint-Rémy y Pedro de Notre-Dame, ambos no sólo versados en su ciencia, pero profundos en asuntos del espíritu y sabios en general, tanto que pasaban por los más estimados consejeros del rey.

Era por lo tanto natural, en consideración a su amistad mutua y por el hecho de ser colegas, que, teniendo uno de ellos un hijo y el otro una hija, estos vástagos se casaran; y así fue que de la familia fundada en esa forma, nació en 1503 Miguel de Notre Dame o Nostradamus, como se hizo llamar más tarde el vidente. Había venido a este mundo en circunstancias excepcionalmente favorables, por tener como abuelos dos entre los hombres más doctos de esa época, provistos de extraños y misteriosos conocimientos, desconocidos para la gran mayoría de los mortales.

La educación del nieto fue iniciada por el abuelo materno, Juan de Saint-Rémy, que le enseñó no sólo las letras, el latín, el griego, el hebraico, sino también las matemáticas y esa combinación de astronomía y astrología que entonces se conocía por el nombre de "ciencia celeste".

Afirma un viejo proverbio oriental, que "astronomía y geometría son adornos de la sabiduría"; y el nieto de los dos grandes médicos, que al mismo tiempo eran astrólogos y cabalistas, tuvo la oportunidád de "adornar su sabiduría" con esos y otros conocimientos más.

Los entenados de Miguel se habían convertido al cristianismo ya algunos siglos antes; sus nombres por lo tanto no fueron incluidos entre los que comprendía el edicto coercitivo, promulgado por el rey de Francia Luis XII, heredero del reino de Provenza a la muerte del rey Renato; el futuro vidente había nacido, por decirlo así, en el seno de la Iglesia Católica, a la que permaneció muy fiel, durante toda su vida.

Cuando falleció Juan de Saint-Rémy, lo reemplazó en la educación del niño el otro abuelo, Pedro de Notre-Dame, que completó muy sabiamente esa educación.

Así Miguel, terminados sus estudios en letras en Avignón, se sintió llevado naturalmente a ocuparse de los estudios médicos y fue a inscribirse en la más famosa Facultad de Medicina de Francia por ese entonces: la Universidad de Montpellier.

Nostradamus y la Peste

Durante la permanencia del joven Nostradamus en Montpellier, hizo su aparición en esa ciudad una terrible plaga, nada rara por aquellos tiempos en Europa: la peste bubónica. Y Montpellier se transformó en un infierno. Si terrible era realmente la pestilencia fatal, más terrible era seguramente el miedo, que hacia más víctimas que la misma epidemia. Hasta las nubes, por su forma, se interpretaban en sentido pesimista y amenazador; y había quien veía en ellas siniestras figuras monstruosas, armadas de espadas y lanzas contra la población atemorizada. A veces era suficiente la presencia de un médico, para infundir a un hombre sano un terror tan grande que sin más se enfermaba.

Los médicos que atendían a los afectados enfermos de peste, llevaban sobre la camisa empapada profilácticamente de aceites y medicamentos protectores, en un traje de cuero, que debía resistir a la infección. En la boca llevaban, por prevención un diente de ajo, que al hincharse les inflamaba el paladar; y las narices se protegían con cucuruchos de algodón, los ojos, con gruesos discos de vidrio encastrados en una máscara de tela. Muchas mujeres perdían el conocimiento al ver esas terribles figuras y, a menudo, al volver en sí, perdían de nuevo el sentido al oír la campanita que anunciaba el paso de un carro cargado de cadáveres. A veces, ese segundo desmayo era el último también.

Nostradamus, que en su calidad de estudiante acompañaba a los maestros tan grotescamente disfrazados, viendo la manera de curar la peste, y que consistía en gran parte en fumigaciones con esencias olorosas y aloe —si los pacientes eran ricos, con ámbar y almizcle—, se le antojaba inadecuada y mezquina. Era obvio que la enfermedad no había sido estudiada profundamente. Nostradamus, a la inversa de sus maestros, tenía puesta su fe en la eficacia de una observación persistente y atenta y en el examen de las secreciones del enfermo; pero los maestros eran mucho más poderosos que él y seguían manteniendo las antiguas costumbres.

Pero, cuando se supo que también en la campiña de la región se había propagado la epidemia, y que ésta despoblaba especialmente las aldeas, Nostradamus vio en ello la oportunidad que esperara hacía tanto tiempo; y, seguro de poder así actuar independientemente de los otros médicos, fue al campo, para poner a prueba sus propios sistemas.

¿Un Precursor?

Cuatro largos años deambuló Nostradamus por el mediodía de Francia, curando a los apestados y otros enfermos: estuvo en Narbona, Carcasona, Tolosa, Burdeos y Avignón. Y lo más curioso era que los casos tratados por el joven estudiante, que no había alcanzado todavía el título de doctor, concluían siempre o casi siempre en la curación. Unos de sus biógrafos cree que, tal vez, el médico-vidente fue un precursor de la profiláxis antiséptica, lo que no tendría nada de extraño en un hombre tan extraordinario, dueño de tantos conocimientos misteriosos, ajenos a muchos sabios de su tiempo.

Su celebridad no tuvo ya límites, cuando se le llamó a la cabecera del Legado Pontificio en Avignón, el cardenal de

Claremont, Gran Maestre de la Orden de los Caballeros de Rhodas, que prefirió ese estudiante a los mejores médicos de la ciudad.

También entre los que curaban a los apestados había muchos que, a pesar del traje de cuero y de las esencias perfumadas, caían víctimas del mal; pero hubiérase dicho que el joven Nostradamus tuviera la protección de algún extraño talismám, por cuanto no se contagió nunca, a pesar de transcurrir la mayor parte de su tiempo entre los enfermos; siempre rubicundo y fuerte, infundía confianza por su mismo aspecto rozagante en quienes le llamaban en su ayuda.

Sólo cuando la plaga se extinguió, Nostradamus, que tenía en ese entonces veintiséis años, hizo retorno a Montpellier, y, ante toda la Facultad y gran número de ciudadanos que habían acudido a oírle, desarrolló su tesis, correspondiente hoy a la tesis de laurea, broche final del estudio universitario.

Como cabía esperar, a pesar de la hostilidad de los maestros reacios a la innovación, el joven triunfó plenamente, y recibió el gorro de cuatro puntas, la caja de terciopelo con adornos de armiño y el cinturón dorado que constituían el ropaje de los miembros de la Hermandad de Hipócrates.

Libre ya de las trabas académicas, el nuevo doctor, que en esos años había aprendido a tener gusto por el aire libre, recomenzó su vida de viajero, acogido por doquiera con verdadero reconocimiento por todos aquellos a quienes había salvado de la muerte. Las niñas le llevaban flores y le besaban las manos, y los ancianos lo colmaban de regalos. Muy a menudo también se le invitaba a pernoctar en las casas de los que tenían para él deberes de gratitud, fueran ellas tugurios o palacios.

Durante dos años Nostradamus no hizo más que recorrer en todo sentido la Provenza y Languedoc. Conoció así al primer crítico literario, el filósofo-poeta Julio César de la Scala, que vivía en Agén, la vieja ciudad de Carlomagno; y permaneció largo tiempo cerca del filósofo, que le brindaba interesantes discusiones sobre temas elevados y nobles. Y fue en Agén, donde se casó con Adriéte de Loubéjac, que le hizo padre de dos hermosos hijos.

Mas el destino tiene oscuros designios y extrañas injusticias. Nostradamus, que había arrancado a las garras de la muerte a tantos extraños, no pudo salvar a los que amaba sobre todo en este mundo; y en breve lapso, inesperadamente perdió a la esposa y a los hijos.

Y el famoso médico volvió a estar solo; esta vez más amargamente solo.

El Vagabundo Doliente

Recomenzó a peregrinar. No cabe duda de que, viajando sobre su mula, tuvo ocasión y tiempo de reflexionar largamente acerca de todo lo que había acontecido; y fue entonces tal vez, frente a la amarga ceguera humana acerca del porvenir, que sintió la necesidad de profundizar la misteriosa ciencia que debía, precisamente, rasgar ante sus ojos el velo del porvenir. No es posible decir, si, en cambio, habrá sido otro impulso independiente del aguijón de la pena y de la amargura, el que dio a su alma esa nueva luz que lo convirtió en vidente, en profeta.

Muy poco, en efecto, sabemos de lo que hiciera en esos años, con excepción de sus visitas a Italia, y especialmente a Milán, Génova y Venecia. Positivamente está comprobado que en Italia consultó a muchos sabios, alquimistas y videntes, y que fue precisamente por esa época que se reveló en él su fantástico don de profetizar. De ese don maravilloso, en efecto, dio por primera vez prueba en Italia.

Una Predicción Excepcional

En una pobre aldea perdida en la campiña de Ancona, vio un día a un joven fraile franciscano, de nombre Félix Peretti, y en seguida se arrodilló ante él, con toda humildad. Al preguntarle los otros monjes presentes la razón de ese su extraño y exagerado homenaje a un pobre fraile oscuro y desconocido, contestó:

—¿No debo pues arrodillarme frente a su Santidad?

Los frailes no comprendieron en ese momento la predicción implícita en el acto y en la respuesta, y olvidaron. Sin duda recordaron la profecía, cuando Félix Peretti, humilde franciscano, llegó a ser el cardenal de Montalto, y, luego, en 1585 el Papa Sixto V.

Del Monasterio al Lazareto

Solo en el mundo, Nostradamus se retiró por un tiempo en un monasterio, la Abadía de Orval, en la que observó la severa regla monástica de esos hermanos, que entre otras cosas prescribía el rezo de los *Maitines* a las dos de la madrugada. No permaneció mucho en el monasterio, porque le llegó la noticia del estallido de la peste en Marsella, donde fue a ejercer su arte y su apostolado. Y al poco tiempo, fue a verle una diputación de ciudadanos de Aix, que le solicitaron con apremio fuera a salvar a esa ciudad de la peste que hacía estragos en la población desde hacía más de seis meses.

Nostradamus fue a Aix, convertida en un cementerio, con las casas vacías en su mayor parte, y el lazareto repugnante tan lleno, que a menudo seis enfermos yacían en un mismo camastro.

El vidente venció nuevamente a la vieja enemiga. La Comuna le asignó una elevada pensión, en agradecimiento por sus desvelos y sus milagros, y muchos ciudadanos le llevaron riquísimos regalos de dinero, que él distribuyó inmediatamente entre las viudas y los huérfanos de los muertos de la peste.

Después de haber realizado casi idéntica tarea en Lyon, Nostradamus fijó finalmente su residencia en Salon, en la Provenza, a la edad de cuarenta y cuatro años, poniendo fin a su vida de vagabundo benéfico. Y allí volvió a casarse.

El Brujo

Pero también hasta Salon llegaban de lejos personajes de dinero y alcurnia, para consultar su sabiduría. Y muy pronto la sosegada y pequeña ciudad alcanzó una prosperidad insólita, gracias precisamente a los numerosos visitantes que trataban de acercarse al vidente, a quien los médicos rivales daban el peligroso nombre de "brujo".

En realidad, la acusación de brujería tenía en apariencia alguna justificación en el modo en que Nostradamus había organizado su vida, en esos tiempos de ignorancia y superstición. Pasaba los días en el piso alto de su cómoda casa, entre enormes libracos escritos en los más distintos idiomas, y extraños instrumentos, como astrolabios, espejos mágicos, varitas de adivinación y otros objetos que la Iglesia no podía considerar como ortodoxos. Y, a pesar de ello, Nostradamus era un católico piadoso, practicante, amigo de cardenales y papas, y creía —como él mismo explicara una vez a su único discípulo, que fue también su biógrafo, Juan Aymes de Chavigny—, que, con excepción de los cálculos astrológicos, el que anuncia las profecías debe ser animado por el espíritu profético, que "es un don de la Providencia". En efecto, como afirma uno de sus comentaristas, poseía algo así como una segunda visión, una suerte de sexto sentido, que en su caso era innato y tal vez hereditario.

El Sepulcro del Gran Romano

Hay más: es decir, el método de los cálculos de Nostradamus era radicalmente distinto del usado por todos los astrólogos de su tiempo.

Un comentarista reciente, P. V. Piobb, que en el año 1927 publicó un libro intitulado: *Le secret de Nostradamus,* cree haber encontrado la llave del sistema usado por el vidente de Salon, y eso en una de las cuartetas de sus *Centurias,* en la que las palabras Grand Romain están escritas en letra cursiva.

Según Piobb habría de proceder de esta manera:

Se traza un círculo, y en puntos equidistantes del mismo se dibujan las letras que componen las dos palabras latinas: *floram patere.* Desde los puntos en que se hallan ubicadas las vocales, o, a, a, e, e, se trazan líneas rectas, y uniendo sus extremidades se forma un rectángulo aproximado que sería la figura geométrica designada como el *Sepulcro del Gran Romano.*

Con la ayuda de esta fórmula y con los planetas de la constelación de Venus, Nostradamus había logrado sus resultados extraordinarios. Repuntamos que para la mayor parte de los lectores, incluyendo al que esto escribe, no bastarían ni veinte *Sepulcros del Gran Romano* ni 100 constelaciones, para que el asunto se tornase claro y accesible, así que no vale la pena de insistir en él. Hemos citado el detalle, solamente por curiosidad.

Sabiduría Hebraico-Egipcia

El mismo Nostradamus declara haber quemado algunos libros egipcios, después de haber aprendido de memoria su contenido. Estos libros, procedentes de Egipto y de la antigua Persia de los Magos, los habría heredado de uno de sus abuelos.

Ahora bien, se preguntan sus biógrafos Moura y Louvet, ¿qué se llevaron los Hebreos de Egipto, en el momento del Éxodo? Sin duda, oro y plata, pero también algo más precioso por cierto.

"Los judíos —dicen los citados autores en su libro *La Vie de Nostradamus*— a buen seguro no dejaron de apoderarse de todos los documentos posibles, que se hallaban en la cámara de iniciación egipcia, de todas las fórmulas geométricas, cosmográficas y algebráicas empleadas más tarde en la *Torah* y en la construcción del Templo de Salomón. Luego, un mal día, los Romanos destruyeron ese

Templo, donde se guardaban con severa custodia esas fórmulas, aun cuando ya el edificio no fuera el primitivo; pero antes que ello ocurriera, las fórmulas habían desaparecido. No se ignora, expresado en otra forma, que cuando los Gentiles entraron en el Santa Sanctórum, éste estaba vacío".

¿Dónde habían ido a parar documentos y fórmulas de tal valor? Se sabe solamente que nunca más se hallaron. Pero, según lo afirman los biógrafos de Nostradamus, debieron ser transmitidos de padre a hijo entre los descendientes de Issachar, que vivieron siempre en las cercanías del Templo y del rey de Jerusalén.

En un prefacio a una parte de sus *Centurias,* dirigido al hijo César (vástago de su segunda esposa), Nostradamus declara no haber querido conservar ciertos "volúmenes que habían estado ocultos por muchos siglos", y que por ello, después de haber aprendido de memoria su texto, los había quemado. Y agregaba, que mientras ardía el fuego, el pergamino daba "una llama más brillante que cualquier otra llama ordinaria, tanto que le había parecido que una luz sobrenatural alumbraba de improviso la habitación..."

Sea como fuese, virtualmente todos los biógrafos, los comentaristas y los intérpretes de Nostradamus están de acuerdo en atribuirle una sabiduría infinitamente superior a la normal y a otra tanta clarividencia. Cien años antes que Newton, en efecto, el vidente de Salon que había tenido en cuenta, en sus cálculos, la ley de la gravedad y también la ley elíptica que tomó su nombre de Kepler, que nació varios años después de su muerte.

Además, aun cuando afirmara que nada había hecho que fuera maravilloso y que había "recibido en su nacimiento ciertos aspectos astrales que le habrían inclinado y decidido a esa labor", proclamando además que todo "viene de Dios", era considerado como el mayor vidente de sus tiempos, y solía estar por la noche sentado ante una vasija de cobre llena hasta el borde de agua —la vasija mágica— probablemente en un estado de auto-hipnosis.

También de noche transcribía sus visiones en esas *Centurias* que siguen siendo objeto de un profundo estudio.

Plus fera mon'ecrit qu'á vivant...

Así escribió: *Después de mi extinción terrenal, mis escritos harán más que durante mi vida...*

Combatido y Exaltado

La primera edición de las *Centurias se* publicó en el mes de marzo de 1555, por Macé Bonttomme, impresor de Lyon; y su éxito fue indescriptible. Toda la Corte, todos los mayores personajes de Francia y del Continente Europeo, no podían hablar de otra cosa. Se consideraba a Nostradamus como un prodigio.

Poetas hubo que le enviaron versos de exaltación y muchos hicieron largos viajes para consultarle y visitarle. Salon —más exactamente Salon-en-Craux, en la Provenza— se convirtió en una ciudad famosa, con gran movimiento de berlinas y caballos hasta la puerta del vidente.

Sin embargo, no todos recibían del sabio consejos y predicciones; a muchos daba él contestaciones extrañas y misteriosas y desagradablemente ambiguas. Y si algún seudo-filósofo mostraba dudar ante él de la verdad de la astrología, era despedido con una frase hiriente que le hacía enrojecer hasta la raíz de los cabellos.

Era lógico y humano que los enemigos de Nostradamus, especialmente los médicos rivales, no vieran con buenos ojos esa enorme celebridad, y se desahogaran afirmando que era un poseso del demonio. Hubo uno entre ellos, un doctor Lorenzo Videl, quien publicó en Avignón un libro sobre *"Los abusos, las ignorancias y las rebeliones de Miguel Nostradamus".*

Pero nada hicieron, en nada le conmovieron los amargos ataques que se le dirigieron. Basta decir que en el año 1564 Catalina de Médicis y su joven hijo Carlos IX, fueron de París a la Provenza para visitar al vidente, quien como ya sabemos, había conocido antes a la reina. Fue esa prueba de gran monta para la pequeña ciudad de Salon, que por esos días estaba agobiada por una grave epidemia de peste, que aparecía y reaparecía con frecuencia en el Sur de Francia; y los corregidores fueron obligados a enviar mensajeros por las regiones circunstantes, para que, intimaran a los habitantes que habían huido por temor al contagio, la vuelta a la ciudad, con el fin de que ésta ofreciera un aspecto menos desesperado y prepararan por lo tanto un digno recibimiento a sus Majestades.

Y cuando el intendente, al recibir en los linderos de la ciudad a los regios huéspedes; se preparó para endilgarles una elaborada oración de saludo y pleitesía, oyó decir bruscamente al pequeño rey:

—He venido a ver a Nostradamus...

Y nada más.

Obscuridad Deliberada

En la carta-dedicatoria al rey Enrique II, colocada al comienzo de la segunda edición de las *Centurias,* el vidente explica que la excesiva claridad de sus cuartetas hubiera sido peligrosa, puesto que los tiempos exigían que tales eventos ocultos no fuesen profetizados más que en forma enigmática... Y luego agrega: Si lo quisiera, bien podría fijar la fecha para cada cuarteta...; pero esto podría ser desagradable para algunos.

Y al concluir la sexta *Centuria,* en versos latinos, dice:

Ponderen con madura reflexión los que lean estos versos, quede alejado el vulgo ignorante y profano; no se les acerquen todos los astrólogos; los imbéciles, los bárbaros. Y maldiga el Cielo al que hiciera diversamente.

Bien está, que "ponderen con madura reflexión todos los que lean estos versos"; pero, por cuanto se lean y se ponderen las *Centurias,* las palabras de los versos, como dice atinadamente uno de los comentaristas, "bailan en la mente, de manera que no se sabe si se oyen cosas en sueños o expresadas en aquellos artificiosos lenguajes que tienen más sonido que sentido".

En resumen, Nostradamus quiso esa forma, ese velo; y tan vivo era su deseo de ocultar en ese momento el alcance de sus predicciones, que a menudo hasta las palabras más comunes están presentadas con anagramas, sin contar los nombres propios. Así *París* se troca en *Rapis; France,* en *Nercaf; Henryc,* en *Chyren* o *Chriyen.*

Las cuartetas del sabio vidente fueron definidas por uno de los más famosos comentaristas, el citado Pelletier, como "un juego de naipes en versos, un calidoscopio cabalístico. Se acercan —agrego— mucho más a los Oráculos paganos del Egipto, de Grecia e Italia, que a las inspiraciones netas y sobrias de los Profetas canónicos".

La Revolución Americana

Pero, obscuras o no, inteligibles o indescifrables, merece la pena citar otras cuartetas del gran vidente. La que sigue, bastante clara, parece referirse a la Revolución americana y al apoyo que recibiera del escosés Juan Pablo Jones. La citaremos traducida:

El Occidente será libertado de las islas Británicas; los descubiertos (los pueblos recientemente descubiertos) *estarán abajo, luego en lo alto. Piratas escoseses estarán sobre el mar rebelde en una noche lluviosa y caliente.*

De Nuevo Napoleón

Entre las cuartetas que se refieren a Napoleón, hay la siguiente, clara por demás:

Con un nombre que nunca tuvieron los reyes de Francia, nunca hubo rayo más temido. Temblará Italia, temblarán España e Inglaterra. Y será conquistado mucho por mujeres extranjeras.

¿Alude a la criolla Josefina de Beauharnais, la mujer extranjera que conquisto a Napoleón? Parecería…

Mazarino

Volviendo hacia atrás en el tiempo, nos parece oportuno citar otra cuarteta, típica de las que quedan inexplicables hasta que no se halla la llave (generalmente en la historia) que las hace inteligibles.

Cuando Inocencio ocupará el sitial de Pedro, el siciliano Nizaram se verá en grandes honores; pero luego caerá en las infancias de la guerra civil.

Ahora bien, la clave de esta cuarteta la da el nombre de Nizaram anagrama de Mazarin, es decir, el cardenal Mazarino. Y un comentarista, M. Garenciéres, anota a este respecto:

"Nada más claro ni más verídico que esta cuarteta. Y los que lo niegan podrían negar hasta la ley del Sol. Veamos, pues. *Cuando Inocencio ocupará el sitial de Pedro,* significa con toda evidencia, *cuando sea Papa un Inocencio.* Se trata, fuera de toda duda, por las relaciones con el resto de la profecía, de Inocencio X, elegido en 1644 y fallecido en 1655. Luego: *El siciliano Nizaram se verá en grandes honores;* y Mazarino, oriundo de Sicilia, alcanzó en esos años su mayor esplendor. ¿No hubo, tal vez, la guerra civil de la Fronda, cuando Se erigieron en París las barricadas y la Corte tuvo que huir a Saint Germain? Muy claro, pues. Y, sin embargo, cuando leí por primera vez esta cuarteta, hace 40 años, la juzgué ridícula y sin sentido común".

Nos parece supérfluo añadir que esta predicción fue escrita tres cuartos de siglo antes que los acontecimientos a que se refiere.

El Año 1888

Numerosas son las predicciones de Nostradamus, contenidas en sus cuartetas y que se refieren a lo que todavía es porvenir para nosotros también; y sería por cierto de sumo interés poder descifrarlas todas, lo que no se ha logrado.

Sin embargo, aquí y allá hay más de una suficiente claridad, como, por ejemplo, la No. 62 de la 10ª *Centuria,* que empieza explícitamente de esta manera:

L'an mil neufcent noname neuf sept mois
Du ciel viendra un grand roy d'effarayeur...

Es decir que, calculando el año astrológico que empieza en marzo, en octubre de 1888 un rey terrible, un jefe, asaltará a París desde el cielo, asustando grandemente a la ciudad. Agrega el vidente, que este rey tendrá consigo un ejército que hablará un idioma extranjero, es decir, no latino, ejército que no solamente tendrá armas terribles, sino también renos. Algún comentarista ha adelantado la hipótesis que, frente a una latente amenaza de una invasión europea por poblaciones asiáticas, la profecía de Nostradamus se refiere a las tribus de la Siberia septentrional, que usan los renos como caballos. Por otra parte el mismo Nostradamus, en otro punto, declara sin ambages que el invasor vendrá desde "Esclavonia", es decir desde Asia. Quien viva, verá...

El Incendio de París

Otras profecías, que se refieren a un futuro sin cumplirse aún, prevén para la ciudad de París grandes guerras e incendios. En la cuarteta No. 98 de la Sexta *Centuria,* se lee en efecto:

Instant grande flamme éparse sautera...

Es decir: *De improviso estallará una gran llama, que se extenderá por doquiera.*

Y en la cuarteta No. 82 de la cuarta *Centuria:*

Puis la grande flame éteindre ne saura.

Que traducimos: *Luego* (París) *no sabrá apagar la gran llama.*

De acuerdo con el vidente, el fuego caerá desde las alturas; lo que puede referirse o bien a nuevos métodos bélicos mediante la aviación, o bien a un fuego celeste, parecido al que destruyó las ciudades de Sodoma y Gomorra.

Y Nostradamus prosigue, en la cuarteta No. 84 de la tercera *Centuria:*

La grande cité sera bien desolée
Des habitants un seul n'y demourra.

En castellano y en prosa: *La gran ciudad será profundamente desvastada y no quedará uno solo de sus habitantes.*

Han sido enumeradas y clasificadas más de 35 profecías que se refieren a la destrucción de la ciudad de París y casi todas concuerdan en la afirmación que la causa de esa destrucción será la guerra. Pero nadie, anota Piobb, el ya citado comentarista de Nostradamus, ofrece detalles tan minuciosos como el vidente de Salon, hasta por lo que se refiere a la época en la que ha de acontecer la catástrofe.

En efecto, Nostradamus no era solamente un vidente, sino que también conocía matemáticas; y él fija para la destrucción definitiva de la Ciudad Luz la fecha del año 3420.[1]

La catástrofe final (¿física?) de Europa, que tendrá enorme repercusión e influencia en el resto del Universo, está anunciada para el año 7000, sin que se pueda decir cómo debe calcularse, y en ese año acontecerá el gran Diluvio, semejante al descrito en la Biblia. El desierto de Gobi volverá a ser un mar y la geografía de la Tierra será modificada sustancialmente por completo.

De Alemania

De las predicciones sobre Alemania, ésta es notable:

En Germanie naistront diverses sectes
S'approchant fort de l'heureux paganisme...

Es decir: *Surgirán en Alemania diversas sectas que se acercarán mucho al feliz* (¿despreocupado?) *paganismo.*

[1] Dejando a un lado el hecho de que esta fecha está en desacuerdo con la que establecen otras predicciones, se presenta la duda: ¿desde cuándo comienza Nostradamus el cómputo de los años resuelto tan a la inversa por su deliberada obscuridad? ¿Puede entenderse el año 3420 después de Cristo? Es poco creíble en razón también de la profecía que le sigue inmediatamente. ¿O bien el vidente, de origen judaico, cuenta desde el Éxodo, o tal vez desde la llegada de Israel a la tierra de Canaan? Si fuera así lo que parece más probable, la destrucción de París debería preverse para el final de nuestro siglo.

Y luego, siempre sobre Alemania:

Une nouvelle secte de Philosophes
Mesprisant mort, or, honneurs, richesses:
Des monts Germains ne seront limitrophes,
A les ensuyvre appuy et presses.

Literalmente: *Una nueva secta de filósofos, que despreciarán muerte, oro, honores, riquezas; no estarán limitados por los montes de Alemania*[2] *y tendrán apoyo de secuaces y de prensa.*

Otras Visicitudes de Nostradamus

Para reanudar la historia del vidente, consignaremos que, a pesar de su fama como "mago o brujo", se le tenía en muy alto honor en Salon. Burgueses y campesinos, empero, lo temían en lugar de amarlo, aun cuando se le debía la prosperidad de Salon. Y por cierto,. para inspirar ese temor han de haber contribuido su cara arrugada, sus ojos hundidos por las vigilias y el insomnio y su barba de dos puntas; sin embargo cuando la pequeña ciudad tuvo que preparar un digno recibimiento a los Duques de Saboya,

---

2 Esta versión se debe a varios comentaristas. La frase, sin embargo, parece que es susceptible también de distinta traducción en este sentido: no serán limítrofes a los montes de Alemania, significado que pertenecerán a regiones vecinas, no totalmente lindantes con dichos montes. Por eso no se tratará solamente de alemanes. Pero ésta también no pasa de ser una hipótesis.

que debían pasar por ella, los corregidores de Salon le llamaron para que escribiera y recitara un poema en latín en honor de los ilustres huéspedes.

Por eso, durante un breve período, las desconfianzas se apaciguaron; luego, cuando los Duques habían partido, el vidente volvió a su soledad tétrica de estudioso del misterio, respetado, pero al mismo tiempo temido.

Pero, cuando el protestantismo comenzó a difundirse cada vez más, y los campesinos católicos encontraron en eso la razón para asaltar a los sospechosos o a los malqueridos, y para saquear casas y posesiones, ni la devoción de Nostradamus por la Iglesia, ni la real protección, ni su constante asistencia a la Misa, ni en fin, su innegable bondad y generosidad, pudieron evitar que fuera insultado y amenazado con castigos corporales por los ignorantes pobladores de Salon.

Nostradamus era distinto a ellos, por lo tanto sospechoso. Y cuando se luchaba en las calles y se rompían a pedradas los vidrios de las ventanas, la casa del vidente corrió la suerte de muchas otras. Hay algunos biógrafos, que creen que Nostradamus se hizo encarcelar espontáneamente, junto con su familia, para estar al cubierto de la muchedumbre enfurecida.

Mientras tanto la gota le torturaba cada vez más agudamente, y los enemigos se encarnizaban con todos los medios posibles contra el sabio. Un tal Charles Langlois publicó en el año 1560 un libelo intitulado: Las *contradic-*

ciones de Nostradamus, en el que acusaba al vidente de falsedad en sus predicciones. Pero Langlois eligió muy mal el momento para lanzar ese ataque al sabio, pues las profecías del vidente se iban cumpliendo en forma tan exacta y maravillosa, que toda Europa hablaba de ellas.

Enrique II había muerto como él lo había preanunciado; Francisco II lo mismo; y tanto era en las Cortes el temor de que se cumplieran otras profecías, que el embajador de España escribía a su rey:

"Este Nostradamus, en lugar de ser protegido por los reyes, debería ser castigado, por ser él la causa de estas muertes".

Hubo sin embargo en esa época algo bien distinto: el pequeño rey Carlós IX fue a visitar al vidente en Salon, y, cuando se retiró, para volver a París, le confirió el título de médico y consejero ordinario de Su Majestad.

Y otra vez, entonces, la pequeña ciudad provenzal se sintió orgullosa de su temido pero ilustre huésped. Demasiado tarde, por cuanto la gota y la hidropesia estaban ya por vencer al cansado anciano. Permanecía cada vez más recluido en su casa, donde recibía solamente a su discípulo Chavigny y dos o tres amigos. Revisaba sus Centurias, preparaba su testamento. Hasta había predispuesto el sepulcro en el que debía ser sepultado, ubicado en la pared de la iglesia de Santa Marta. Expresó la voluntad de que se le sepultara verticalmente en ese muro, para que nadie caminara sobre su osamenta.

La Muerte de Nostradamus

La noche del 1º de julio de 1566, Chavigny, saludando a su amigo y maestro, pronunció la fórmula consuetudinaria: "Hasta mañana". Pero Nostradamus, sacudiendo tristemente la cabeza, murmuró:

—Mañana al despuntar el día, no estaré ya aquí.

Y al día siguiente se le halló cadáver, con la cabeza apoyada sobre la mesa.

En una cuarteta que se refiere precisamente a su muerte cercana, el vidente había preanunciado:

De retour d'ambassade, don du Roy, mis a lieu,
Plus n'en fera, sera allé a Dieu;
Proches parents, amis, fréres du sang
Trouve tout mort, pres du lit et du banc.

Es decir: *Devuelta de una misión, regalo del Rey, en el acostumbrado lugar, nada más le pasará, él* (Nostradamus) *se habrá ido a Dios. Parientes cercanos, amigos, hermanos de sangre le hallarán muerto, cerca de la cama y del banco.*

Por mucho tiempo los habitantes de Salon, que le lloraron demasiado tarde, creyeron que no hubiese muerto realmente, sino que simplemente "se hubiese retirado más que nunca en su soledad, para entregarse en su casa, cuerpo y alma a sus estudios". Pero los curiosos no se atrevieron a acercarse demasiado a esa parte del muro de la iglesia, donde alguien dijera que el vidente había encontrado su tumba.

Sobre el sepulcro había hecho grabar solamente esta inscripción:

"Quietem posteri ne invidete".

Su esposa, sin embargo, hizo añadir aún este epitafio:

Aquí yacen los despojos del muy ilustre Miguel Nostradamus, el único, a juicio de muchos mortales, digno de transmitir los acontecimientos futuros del mundo entero, con una pluma casi divina y en plena relación con las influencias de las estrellas. Vivió 72 años, seis meses y 17 días. Murió en Salon en el año 1566, que la posteridad no turbe su descanso. Ana Ponsart Gemelle, su mujer, desea al marido la verdadera dicha.

Más de una vez se calificó a Nostradamus como el mayor vidente de los tiempos modernos. Probablemente, un día se volverá a repetir este juicio, cuando muchas otras de sus profecías se habrán cumplido.

Selección Final de las Profecías de Nostradamus

Entre las profecías verdaderamente maravillosas de Nostradamus hay algunas aún que vale la pena recoger, a pesar de la brevedad de este ensayo, porque además se relacionan con sucesos que por muchas razones debemos creer muy cercanos y a cuya preparación asistimos cuando no colaboramos.

Italia

Comencemos por espigar entre las profecías que se refieren a Italia. Citaremos solamente dos ejemplos, porque, naturalmente, Nostradamus, francés aunque de origen judío, prefería transcribir en sus *Centurias* las visiones —si tales eran sus profecías— que se relacionaban con Francia, a las correspondientes a otros países e independientemente de aquella. Por otra parte, quien conozca las *Centurias* sabe que las cuartetas están transcriptas sin orden ni nexo, casi siempre, bien que Nostradamus lo hiciera porque las visiones le llegaban en ese desorden, bien para obtener esa confusión que él mismo se imponía explícitamente.

De los dos ejemplos uno se refiere a un personaje de la Casa Saboya, y hemos elegido esa cuarteta, porque nos parece extrañamente clara (es la No. 80 de la séptima *Centuria):*

Dans la Sardaigne un noble Roy viendra,
Qui ne tiendra que trois ans le royaume:
Plusieurs couleurs avec sois conjoindra,
Lui-mesme aprés long commeil marrit scome.

Es decir: *En la Cerdeña vendrá un noble Rey, que quedará en el trono solamente tres años. Unirá a los propios, varios colores y perderá la vida, después de un largo sueño.*

Ahora bien, el primer rey de Cerdeña que vivió en la isla, fue Carlos Manuel IV de Saboya, que se retiró allí al ser obligado por el general francés Grouchy a una abdicación substancial, por cuanto los franceses dominaban en el Piamonte, manteniendo guarniciones en sus fortalezas y en el mismo castillo de Turín. Desde Cerdeña, empero, aquél protestó contra esa violencia, que prácticamente le quitaba el poder.

Esto acontecía durante el tercer año de su reinado (y Nostradamus dice precisamente que quedaría en el trono tres años). La verdadera abdicación de Carlos Manuel se realizó en 1802. Mientras residía en Cerdeña, agregó a sus colores los de Sicilia, seguramente para protestar contra la pérdida de esa isla, asignada a su antepasado Víctor Amadeo II por el tratado de Utrecht y después de cinco años sustituida con la Cerdeña.

Finalmente perdió casi por entero la vista y tomó el hábito religioso (tal vez otro color éste, en la alusión de Nostradamus). El "largo sueño" parecería referirse a la ceguera o a la paz del claustro, después de la agitada vida del soberano.

El otro ejemplo es el siguiente:

Pendant que l'Aigle et el Cop á Savone
Seront unis, Mer Levant et Hongrie
L'amée á Naples, Palerme, Marque d'Ancone;
Rome, Venise, par Barbe, horrible vie.

Esta cuarteta corresponde a varios acontecimientos más o menos contemporáneos entre sí, aun cuando, como la anterior, pertenezca al cuadro del siglo XIX, de acuerdo con la opinión casi unánime de los comentaristas. Y se puede traducir literalmente:

Mientras el Águila y el Gallo se unirán en Savona, (se obrará) *contra el Mar de Levante y Hungría. Ejércitos en Nápoles, Palermo y en la Marca de Ancona. A Roma, a Venecia vida horrible, por Barba.*

Y bien, el Aguila no podía ser más que Napoleón III, que había adoptado el emblema glorioso de su gran antecesor. ¿Y el Gallo? Aun cuando Francia ha sido a menudo simbolizada con esta denominación en el caso actual hay que excluirla, por cuanto ha sido ya indicada por su emperador. A la luz de los sucesos históricos, pues, habrá que admitir que el Gallo es Víctor Manuel II, como creen varios intérpretes; y "gallo" además porque en aquel entonces el ejército italiano estaba representado por los "bersaglieri" y sus características plumas. El Mar de Levante sería el Mar Caspio, porque colinda con regiones orientales y Hungría el territorio hasta ese mar, en sentido amplio. Con estas premisas veremos que la profecía se ha cumplido detalladamente, entre 1854 y 1860.

En efecto, Víctor Manuel II y Napoleón III celebraron alianza en Sanova; Piamonte y Francia combatieron juntos contra Rusia en Sebastopol. Organizados los ejércitos en Nápoles y en Palermo, se luchó en la Marca de Ancona contra el Rey de Nápoles y el Papa (acontecimientos de año 1860). Mientras, en Roma y en Venecia se llevaba una vida horrible, de angustias y miedo, a causa de "Barbe". Y bien, "Barbe" llama el vidente a Garibaldi, que en otro lugar denomina juntamente con el nombre de "El fuerte de Niza".

La Rusia

Veamos lo que Nostradamus afirma de la Rusia actual:

Barbare Empire, par le Tiers usurpé.
La plus gran part de son sang mettre á mort.
Par mort sénile par lui le Quart frappé,
Peour peur que sang parle sang ne soit mon.

Traducido literalmente: (Veo un) *bárbaro Imperio, usurpado por el Tercer* (Estado) *mandar a la muerte la mayor parte de los de su sangre. Golpea de muerte senil* (el hambre, el agotamiento) *al cuarto* (Estado), *por miedo que la sangre no mate otra sangre,* es decir, que llegue la guerra civil.

Si se considera que el Tercer Estado es la burguesía y el Cuarto puede reputarse compuesto por los campesinos, se verá toda la claridad del cuadro trazado hace alrededor de cuatro siglos, según el cual la revolución del comunismo devora a sus propios hijos, o mejor dicho, en un odioso acceso de autofagia, se devora a sí misma.

La Liga de las Naciones

Pero hay alguna profecía más curiosa y sabrosa aún; y una especialmente que, parece increíble, se refiere a la Sociedad de las Naciones. En efecto, Nostradamus, que ha previsto hasta el papel moneda, con las respectivas inflaciones.

Les simulacres d'or et d'argent, enflés...

(Los simulacros de oro y plata, inflados, y no puede negarse que el papel moneda como imitación del oro y de la plata está definido admirablemente). Nostradamus, decíamos, previó esta actual primera mitad del siglo una nueva guerra, de la que dice:

Par les Suéves et lieux circomvoisins
Seront en guerre, pou cause des nuées,
Camps marins, locutes et cousins.
Du leman fautes seront bien desnuées.

Veamos la traducción literal y la probable o presumible explicación de esta cuarteta que es la No. 85 de la quinta *Centuria:*

Por los Suevos y país es circunvecinos se lanzarán a la guerra por las nubes, campos, marinos, langostas y mosquitos. Y las culpas de Lemán (el lago de Ginebra) *serán puestas al desnudo.*

Los Suevos son los alemanes, pues Nostradamus los llama siempre de esta manera. *Por las nubes* debe interpretarse por la aviación o los gases venenosos, las costas fortificadas a las armadas navales. *Langostas y mosquitos* son evidentemente los aeroplanos de varios tipos y muy numerosos. Los errores del lago de Ginebra no pueden ser más que los cometidos por la Liga de las Naciones...

Luego, en la cuarteta No. 27 de la tercera *Centuria:*

Prince lybique, puissant en Occident,
Francais d'Arabie viendra tout inflammer...

A la letra: *Un príncipe líbico, poderoso en Occidente, llegará a poner juego a los* (países) *franceses de Arabia*... Por Arabia Nostradamus entiende a menudo la costa africana.

No hay más que un príncipe líbico poderoso en Occidente; la profecía se refiere a Túnez, a Argel y tal vez a Siria.

Inglaterra

Finalmente en la cuarteta No. 55 de la misma tercera *Centuria* se lee:

La grande Bretagne comprise l'Angleterre
Viendra par eau si fort a invader:
La ligue nueve d'Ausonie fera guerre,
Que contre eux ils viendront se bander.

Es decir: *La Gran Bretaña, comprendida Inglaterra, será invadida extraordinariamente por mar: la nueva Liga de Ausonia hará la guerra, porque contra ella se aliarán* (los ingleses).

O bien: La *Gran Bretaña, comprendida Inglaterra, llegará a invadir por mar* (el continente). *La nueva liga de Ausonia le hará la guerra, porque contra ella se aliará* (el enemigo).

La frase *comprendida Inglaterra,* se refiere al hecho de que en los tiempos de Nostradamus, Inglaterra estaba separada de Escocia, que era un reino independiente. El vidente, pues, quiere decir "Inglaterra y Escocia". *Ausonia es* un antiguo nombre de Italia, usado aún en poesía. De las dos versiones citadas la primera es la que merece mayor crédito a los intérpretes y comentaristas. La hora presente confirma la situación de los varios competidores y en la indicación de *la nueva Liga de Ausonia* parece aludirse claramente al eje Roma-Berlín.

No está demás llamar la atención sobre el sentido de la primera interpretación, que corrobora una profecía famosa, la de la Madre Shipton, contenida en una balada que preanuncia los automóviles, el telégrafo, los grandes túneles, los submarinos, la aviación y finalmente este suceso: *Por fin en Inglaterra penetrará un enemigo.* La Shipton nació, probablemente, en 1488.

El Broche

Para terminar con estos pocos en número pero muy interesantes ejemplos, citaremos la cuarteta No. 35 de la misma tercera *Centuria,* que parece referirse muy de cerca a Italia:

Du plus profond de l'Occident d'Europe
De pouvres gens un jeune enfant naitra.
Qui par la langue séduira grand'troupe.
Son briut au régne d'Orient plus croitra.

Traducimos: *Desde lo más profundo del Occidente de Europa nacerá de humilde familia un mito que con la palabra seducirá multitudes. Su fama se tornará aún mayor en el reino de Oriente.*

Téngase presente que en el pasado se dividía a Europa en oriental y occidental, por una línea imaginaria que correspondería más o menos al meridiano 15, tanto que Italia quedaba netamente en el Oeste. Y es suficiente para convencerse, observar algún mapa de siglos atrás o pensar en la conocida división entre *imperio de Oriente e imperio de Occidente.* Hoy tampoco se podría decir que Italia se halla en el oriente de Europa. *En lo más profundo* vale por "la parte más baja", la extremidad inferior, *Seducir* equivale a atraer. La cuarteta se refiere a un hombre de la época y se halla en esa tercera *Centuria,* que contiene tantas profecías catastróficas para tantos pueblos.

El italiano de familia humilde no era otro que Benito Mussolini.

La Guerra Civil Española

Sobre cuatro de las cuartetas de Nostradamus se centran los estudiosos para la comprensión de las profecías sobre este acontecimiento ya conocido por todos.

Igualmente son muchas más las profecías que Nostradamus formuló, profecías de corte cotidiano que no enumeramos, salvo las cuatro enunciadas.

1) Les cimbres avecques leurs voisins
depoluler viendront presque l'Espaigne:
gens affamez, guienne et limosins
seront en ligue et deur feront campaigne.

Los Cimbros (alemanes, o pueblo teutónico) *junto con sus vecinos* (italianos) *lograrán despoblar casi totalmente a España. La gente hambreada* (proletarios) *de la Francia se les unirán* (a los españoles) *y les presentarán lucha.*

Es evidente que todo esto no merece mayor explicación. El planteo primigenio de la Revolución Española, cuyo gobierno sorprendido por el alzamiento de 1936 y que reunió en su seno las Brigadas Internacionales, demuestra con precisión asombrosa esta profecía.

Veamos luego la segunda:

2) Un an devant conflict italique
germain, gaulois, Espagnols pour le fort
cherra l'escole maison de republique
ou hors mis peu, seront suffoquez mort.

Luego de un año que se inició el conflicto donde los italianos, alemanes y franceses ayudaron a los españoles, caerá la escuela de la república. Estos puestos fuera (se sobreentiende que del gobierno) *serán ahogados por los otros.*

3) En Luques sang e tlait viendra pleuvoir
un peu devant changement de preteur
quand peste et guerra, faim et soif fera voir
loing ou mourra leur prince recteur.

Luques = Asturias, habrá paz y guerra alternativamente, un poco después del cambio de gobierno. Su rector (léase rey) *morirá desterrado durante la conmoción* (Guerra Mundial).

Conviene recordar lo siguiente:

La zona de minas asturianas fue el teatro de un alzamiento hacia fines de 1934, de origen marxista. José M. Gil de Robles había triunfado un año antes en elecciones con su grupo moderado. Más tarde, Asturias se plegó al gobierno y sobrevino la guerra. El rey que muere en el exilio, desterrado, durante la conmoción, fue don Alfonso XIII.

Cuarta cuarteta:

4) La gent gauloise el nation estrange
outre les monts, mort, prins el profligez.
Au moins contraire et prouche de vendange,
par les seigneurs en accord regidez.

La gente de la France y las otras extrañas a ella, sufrirán pérdidas más allá de los montes, y en un mes maldito, cerca de la vendimia, los dueños del mundo reafirmarán un acuerdo.

Aclarando, diremos que el mes próximo a la vendimia, septiembre de 1938, las fuerzas francesas y las otras, extrañas a ellas (Brigadas Internacionales), sufrían grandes pérdidas.

En ese mismo mes, "los dueños del mundo", Hitler y Mussolini, Chamberlain por Inglaterra y Dadalier por Francia, reafirmaban los acuerdos de Munich que significaban el derrumbe político de Francia e Inglaterra, y a Hitler como árbitro de la paz.

Profecías de Nuestros Tiempos

En estos tiempos nuestros en los cuales la ciencia está haciendo tan rápidos progresos, nadie o casi nadie cree ya en las predicciones y profecías.

Por lo menos, en esta forma, contesta cualquiera a quien se interrogue. Pero, un examen más atento llevará al lector (como ha llevado al autor de estas lineas) a convencerse de que casi todos creen en ellas, con la única excepción tal vez de los hombres de ciencia de valor intermedio.

La Opinión de Carrel

Hemos escrito "de los hombres de ciencia de valor intermedio" por cuanto un eminentísimo biólogo, el doctor Alexis Carrel, nos dice tranquilamente que se interesó mucho de los fenómenos de telepatía y clarividencia, como se apasionó por la fisiología, la patología, la química. Y confiesa que hubo de convencerse de que tanto la telepatía como la clarividencia, son fenómenos naturales del ser humano, aunque raros o por lo menos no comunes.[1]

Puesto que la profecía y el don de predecir el futuro, siempre que sean auténticos, se resuelven en una simple facultad de clarividencia, ampliada en el tiempo y en el espacio, todos los que creen o desearan creer, llegan a tener un apoyo autorizado, y casi un diploma de seriedad y respetabilidad; y aun ejemplos de predicciones que se desterraban en oscuras revistillas o en la literatura misteriosa, como también en algunos periódicos semiclandestinos de ocultismo, asumen hoy para el lector común nuevo interés.

Vamos a citar algunos de esos ejemplos.

---

[1] Los lectores recordarán indudablemente, que el doctor Carrel, premio Nóbel, hace un tiempo, en unión con Charles Linderbergh, el aviador norteamericano, inició experiencias con un aparato en el cual un corazón separado del organismo, sigue latiendo y "viviendo" por un período indefinido. Nada se puede afirmar acerca de la aplicación práctica de este descubrimiento; pero es fácil suponer los enormes beneficios que ha de traer.

El Incendio del Bazar de la Charité

Como recordarán probablemente algunos lectores, el 4 de mayo de 1890 ocurrió en París la desgarradora catástrofe conocida como "el incendio del Bazar de la Charité", en la que perecieron por lo menos un centenar de eminentes personajes, entre los cuales no pocas damas.

Para recordar, casi, el aniversario trágico, el conde de Maillé, en una carta dirigida a *Le Temps* y publicada el 16 de mayo de 1897, llamó la atención sobre la profecía anticipada al respecto por una vidente bien conocida entonces en Francia, la señorita Couédon.

Citemos sus mismas palabras;

"Había ido a consultar a la Couédon en su casa; y, aun cuando no creía en la colaboración de los ángeles que ella afirmaba tener, debo reconocer que sus predicciones me parecieron notables e interesantes. A mi solicitud, ella consintió en hacer una excepción a sus costumbres, ofreciendo en mi casa una sesión, a la que asistieron un centenar de invitados, entre los cuales estaban la condesa de Rochefoucauld, Mme. de Mesnard, el marqués de Anglade, la condesa Virien, el conde Fleury y otros."

Después de haber satisfecho la curiosidad de los invitados que le hicieron consultas personales especificas, la vidente aludió al incendio que era inminente, y dijo que habría estallado en una "asamblea" organizada con fines de beneficencia. Sus palabras fueron más o menos las siguientes, que cito de memoria, por cuanto no tuve la precaución de transcribirlas:

Veo que caerán víctimas las personalidades más eminentes de esa asamblea; y muy graves serán las pérdidas del suburbio de Saint Germain (el barrio aristocrático de París). *Pero nadie de los aquí presentes perecerá en la catástrofe; y vos* —agregó ella dirigiéndose directamente a mí— *no sufriréis más que en forma indirecta por esta gran desdicha.*

"Ocurrido el incendio, efectivamente, sin que nadie de los presentes a la reunión de ese día en mi casa sufriera en lo más mínimo, supe que en el incendio había perdido un lejano pariente, que conocía apenas. la Couédon había tenido razón".

El director del diario La *Libre Parole,* que asistió a la reunión, confirmo también que ni uno solo de los muchos huéspedes del conde de Maillé, que fueron al Bazar de la Charité el día de la catástrofe, hubo que sufrir por el incendio. En fin, la profecía de la señora Couédon se cumplió punto por punto, y ella es seguramente una de las más impresionantes de nuestros tiempos, porque fue controlada por numerosos testimonios competentes.

Una Catástrofe Minera

Otro ejemplo.

Madame de Ferriem, residente en Berlín, en los primeros años del siglo presente, ofreció pruebas sorprendentes de esa clarividencia que, según el doctor Carrel, es al mismo tiempo que la telepatía un fenómeno natural, raro realmente, del ser humano.

En un libro intitulado *Mi visión, espiritual del porvenir,* en efecto, se encuentran muchas notables predicciones, de las que recordaremos un par en seguida.

Un señor Godefroy publicaba la crónica de las profecías de la vidente y el doctor Borman, testigo insospechable e incansable estudioso de fenómenos psíquicos, asegura que recibió esos detalles a medida que se publicaban.

En dos de ellos se refería que Madame de Ferriem había visto en Bohemia una espantosa catástrofe minera, y había descrito con muchos detalles el espectáculo de los pobres mineros muertos y el de sus mujeres y el de sus niños, que se apiñaban a la entrada de las galerías. No indicaba la vidente en forma exacta el lugar del desastre, pero afirmaba que durante la visión había oído que alguien decía: "Ahí llegan los médicos de Bruex."

Tres años más tarde ocurrió la tremenda catástrofe minera de Dux, cerca de Bruex, en la que perecieron muchas personas.

El Misterio de la Clarividencia

Ahora bien, cabe preguntarse: ¿son tal vez pasado, presente y porvenir una sola cosa o bien existe en todo el universo una ley, que desarrolla los acontecimientos en determinada forma, tanto que seres dotados de una especial sensibilidad pueden discernirlos, aun estando alejados en el tiempo? Pero éste es un tema que no podemos discutir aquí. Una sola cosa es cierta: visiones tan lúcidas y detalladas ofrecen material no solamente para nuestras especulaciones actuales, sino tal vez para futuras investigaciones científicas, dirigidas a la solución del misterio de la clarividencia o del don de profetizar.

Varias Predicciones

La vidente citada poco antes, predijo el gran incendio de los Docks de Hoboken, en Nueva York, dos años antes que ocurriera y con detalles pasmosos. La predicción fue publicada por Godefroy en el número de diciembre de 1889, de *Neue Spiritualistische Blaetter* (Nuevas Hojas Espiritualistas).

La Ferriem preanunció también la liberación de Dreyfus un año y medio antes que se realizara: predijo la terrible erupción volcánica de La Martinica, el naufragio del buque escuela alemán Gneisenau, ocurrido cerca de Málaga y otros desastres más.

La Profecía de Prémol

No es de nuestros tiempos, pero a ellos se refiere —por lo que nos parece oportuno citarla aquí— la llamada profecía de Prémol, muy conocida en Francia en la primera mitad del siglo XIX, como asegura Adrán Péladan en su Liber Mirabilis.

Esta predicción alude a las vicisitudes de Francia y de Europa desde el año 496 hasta el siglo XX, vicisitudes que, *grosso modo,* se habrían resuelto en un ciclo de períodos alternados y desiguales de predominio del principio autoritario y de revoluciones.

Un vidente desconocido, un monje del convento de Prémol, cerca de Grenoble, predecía entre otros uno de estos períodos revolucionarios, que comenzaría en 1870 y terminaría en una fecha no indicada del siglo XX.

Durante ese período de violencias, de "tormenta", ocurrirían la invasión de Francia, el incendio de París y otras ciudades, una revolución en Inglaterra, un cisma en la Iglesia, etc. Luego llegaría el advenimiento del Gran *Monarca* y del *Pastor Angelicus* (el Papa y el Rey, que han sido preanunciados reiteradamente por distintos profetas), quienes, con otros personajes, restablecerían la paz en el mundo.

De paso cabe observar que la destrucción de París, a raíz de un gran incendio es un factor común de unas treinta y cinco profecías distintas. También Ana Catalina Emmerich, una monja de Westfalia, preanunció, durante la primera mitad del siglo pasado; la ruina de la gran ciudad dedicada especialmente al vicio y cuyo subsuelo está minado.

Casi en la misma época, el abate Souffrand escribía:

Durante todas estas calamidades (que preveía para nuestro siglo) *París será destruida, y tan completamente, que un carro pasará sobre sus ruinas sin tropiezo alguno.*

Los "Sueños Proféticos"

Camille Flammarion, el famoso astrónomo francés, era un apasionado estudioso de todos los fenómenos de clarividencia y de los llamados "sueños proféticos".

De éstos cita varios ejemplos sorprendentes en sus libros *Lo Desconocido y La muerte y su misterio.* Como el don de la profecía y el de la clarividencla, esos sueños parecen responder, como resultado, a una "extensión de la consciencia", que, según lo demuestra Dunne en su obra *Una experiencia en relación con el tiempo,* es común a todos los seres humanos, tal vez en medida mayor o menor por cada individuo, en forma idéntica a la que hemos indicado para la telepatía y la clarividencia.

De cualquier manera, se ha comprobado que muchos de esos "sueños proféticos" se han cumplido con toda exactitud, y tal vez no haya persona que no tenga al respecto su pequeña experiencia.

Astrólogos Modernos y Clientes Excepcionales

En los últimos años, tal vez por inquietud frente a tanta incertidumbre política y social, la astrología, como otros métodos adivinatorios, ha alcanzado nuevamente un sitio de honor. Los nuevos astrólogos son numerosos y sus clientes se cuentan a millones, especialmente en Francia y en los Estados Unidos.

Evangelina Adams, hace poco fallecida, la más conocida entre los astrólogos modernos, llevada a los tribunales como "adivina", defendió su inculpabilidad afirmando que no pretendía "adivinar" sino que se fundaba en los resultados de la astrología, que es una ciencia y no una impostura. Tuvo que ser absuelta.

La Adams recibía más de 300,000 cartas por año de personas que se interesaban por su ciencia y por conocer el porvenir, y en una declaración hecha a la prensa, confesó que tenía más de 100,000 clientes; entre los que contábase a Pierpont Morgan, para quien ella elaboraba mensualmente una "relación sobre el cambio de posición de los planetas y su probable repercusión en la política, en los negocios y en el mercado financiero".

Se sabe además que la misma Adams, mujer de indiscutida honestidad profesional, tenía como clientes, además de Morgan, al rey Eduardo VII de Inglaterra, Enrique Caruso, Geraldine Farrar, Jean Burroughs y otros.

Manly Hall, un escritor americano que se ocupa de astrología, afirma que conocían esta ciencia, si así puede llamarse, Franklin, Paine, Teodoro Roosevelt y otros americanos.

El conde Hamon, conocido bajo el seudónimo de Cheiro, que con la astrología practicaba otras artes adivinatorias, afirmaba que una vez, a pedido del zar Nicolás, conocido por él a raíz de haber intervenido como intermediario del rey Eduardo VII, preparó el horóscopo de todos los miembros de la desgraciada familia imperial, con el resultado de que aparecía clara e ineludible la caída de la Casa de los Romanoff, en ese momento en todo su esplendor.

Un curiosísimo testimonio acerca de los poderes de adivinación y predicción del conde Hamon, nos lo da nada menos que Mark Twain, escritor escéptico, pesimista y humorista, que más de una vez se burló de profetas y augures.

Mark Twain y Cheiro

Twain narra, en efecto, en sus *Apuntes promemoria,* una predicción que le hiciera en 1895 el astrólogo Cheiro (conde Hamon), según la cual llegaría imprevistamente a ser rico al cumplir los 68 años de edad, es decir hacia 1903.

"En 1895, dice el escritor, me hallaba en estado de falencia, o bancarrota, para decirlo claramente, y tenía una deuda de 94,000 dólares a raíz de la quiebra de la Casa Webster y Co. Dos años más tarde Cheiro me encontró de nuevo en

Londres y me repitió la predicción agregando que "la fortuna llegaría de donde menos la esperaba".

El humorista no olvidó por entero la profecía, aun cuando no tuviera excesiva confianza en el pronóstico halagador. Sin embargo la predicción se cumplió en 1903 y, exactamente, el 22 de octubre, cuando una gran casa editora firmó con él un contrato que le garantizaba una renta mínima de 25,000 dólares anuales, como fruto de los derechos de autor por sus libros.

"A veces —incluye diciendo Mark Twain— en los años que siguieron, mi renta excedió los 100,000 dólares. Cheiro, pues, predijo exactamente el hecho, hasta en la referencia a que la fortuna hubiera venido de donde menos podía yo esperarla".

En el libro de oro de los visitantes del astrólogo, Twain escribió en otra oportunidad:

"Cheiro me ha descrito mi carácter, con detalles que me confunden y me humillan. No debería reconocerlo; pero tengo el deber de hacerlo".

Lord Kitchener

Del mismo conde Hamon se sabe que en julio de 1894, 22 años antes, previó para Lord Kitchener una grave desgracia en el mar, desgracia que ocurría al almirante a los sesenta y seis años de edad, es decir en 1916.

Hamon informó de su previsión al mismo Kitchener, advirtiéndole además que la mayor y más grave de todas las responsabilidades pesaría sobre sus hombros en 1914. Dos años después, sin embargo, llegaría "el descanso".

—¿Este descanso equivaldría a la muerte? preguntó Kitchener.

El astrólogo no negó la posibilidad.

Lord Kitchener estaba tan convencido de la exactitud de la profecía, de acuerdo a lo que escribe Cheiro, que en junio de 1915, durante una visita al frente inglés en Francia, cuando a su lado estalló una granada que casi le mata, dijo sonriendo al oficial que lo acompañaba: "No hay que temer por mí; he de morir en el mar".

La "mayor y más grave responsabilidad" de su vida le correspondió seguramente cuando en 1914 tuvo que asumir la cartera de Guerra en el conflicto europeo. Todos saben cómo pereció el almirante inglés en el misterioso naufragio del acorazado Hampshire en el mar del Norte.

Así, a los veintidós años, la profecía del astrólogo se cumplió en todos sus detalles.

El Zar Nicolás

El mismo Cheiro refiere un doloroso coloquio sostenido con el zar Nicolás de Rusia en el año 1904, durante una visita de incógnito, preparada secretamente en San Petersburgo.

Parece que el desdichado emperador se sentía siempre bajo el incubo de una catástrofe permanente y deseaba con toda insistencia que le tranquilizaran con una predicción aceptable de buena suerte. Sin embargo, Cheiro no pudo satisfacerlo, y debió confesarle que estaría viviendo constantemente la pesadilla de oscuros temores y derramamientos de sangre; que tratara en lo posible de evitar un grave conflicto bélico, pero en Rusia se complicaría entre los años 1914 y 1917 en una espantosa guerra europea, en la que él, el zar, perdería todo lo que más quería en el mundo.

Para terminar, Cheiro asegura que predijo a Rasputín, el misterioso monje fatal en nuestra forma de gobierno, y su muerte violenta en el río Neva.

Un Período Accidentado

Astrólogos y videntes concuerdan en opinar o prever que el período que se abre en 1940 sería muy agitado y amargo para todo el mundo.

H. G. Wells aseguró que exactamente en 1940 estallaría una conflagración europea, sustancial o aparentemente originada por un atentado cometido en Danzing contra un ciudadano polaco. La actualidad rectifica en parte la previsión, pero la ratifica esencialmente. Se puede reflexionar al respecto.

El período que va desde octubre de 1942 a junio de 1943, según Manly Hall, sería una era de reconstrucción y de progreso, y por lo que se refiere especialmente a América, predice anticipadamente un período de depresión, con alguna catástrofe grave y, tal vez, con el asesinato de un Presidente. "Si esto ocurre —agregó Hall en una reciente conferencia pronunciada en Nueva York—, podrá provocarse una modificación fatal de la Corte del último zar, su nación quedaría dividida en varias partes, probablemente en cuatro: Oriental, Meridional, Central y Occidental".

¡Exactamente lo que temía Lincoln y que tanto trató de evitar!

El Futuro Profético (Conclusión)

En una vieja litografía está representado el gran vidente de Salon, Miguel de Nostradamus, que señala con la varita el espejo mágico, en la cual Catalina de Médicis, perpleja asustada, ve algunas escenas que se refieren al destino sus hijos.

El "Espejo Mágico"

Este espejo mágico, o lo que en sus efectos le equivale, es decir la posibilidad de conocer el porvenir, ha sido objeto en todos los tiempos de la historia, de investigaciones de esta nuestra angustiada humanidad; y muchos son los que lo han poseído.

Otros, en cambio, creyeron haberlo hallado, pero no vieron en él más que sombras terroríficas, alucinaciones o supersticiones. De toda manera, si estas páginas algo demuestran, comprueban precisamente que un discreto número de personas, dueñas de un don especial y de la facultad aún incomprensible de la clarividencia en el espacio y en el tiempo, existió para mantener en la humanidad la confianza en las profecías.

Hoy y Mañana

Aun hoy, por ejemplo, un imponente número de seres cree firmemente que los constructores de la Gran Pirámide, hace más o menos unos cinco mil años, resolvieron dejar un *mensaje de piedra a* esa posteridad que un día pudiera descifrar los jeroglíficos; y están seguros, además, que esa posteridad somos nosotros, los hombres de hoy.

Por la misma razón creen en la llegada de la "gran tribulación", es decir, el período confuso de luchas y de esfuerzos dirigidos a encontrar los remedios de las desgracias humanas, que comenzaría en 1928 y que en breve se transformaría en otro muy distinto. El "corredor inferior" de la Pirámide profética terminará en un "nuevo paso" que indica un cambio mejor, y al final se llega a la *cámara del Rey.*

Pero no olvidemos que ese peregrinar del visitante de la Pirámide que simboliza al hombre, no está todo aquí; el hombre no alcanza nunca sobre la Tierra el descanso absoluto, el fin de todas las luchas, la paz en todas las preocupaciones. *La cámara del Rey* es también la *sala del Juicio.*

Allí se realizarán la *purificación de las naciones, los misterios de la Luz verdadera que llega de Occidente, la* presencia literal del *Señor de la Muerte, y del Sepulcro,* quien proclamará que *la Muerte ha sido vencida por la Luz.*

Sin duda, estas frases parecerán a muchos lectores nada más que grandilocuentes expresiones de la vaguedad característica de los charlatanes; sin embargo, tienen un sentido grave y amenazador para los que creen y demuestran la verdad de la profecía contenida en las piedras de la Pirámide.

Los 17 años del período "septiembre 1936-agosto 1953" parecen años fatales y llenos de acontecimientos muy importantes para la raza humana. La época desastrosa y agitada tendrá su fin, y en 1953 comenzará un período de reconstrucción, que ha de culminar en lo que los egiptólogos llaman *descanso de los Constructores;* un paréntesis de alivio y de sosiego del que los hombres gozarán antes de penetrar en otra nueva era que está más allá de nuestras concepciones actuales.

Este período del "nuevo paso" corresponde a la época que los intérpretes de las profecías bíblicas reputan constituir el *fin de los tiempos,* época de suma importancia en la historia de la humanidad.

Según muchos estudiosos, se realizará la pavorosa espera medioeval del Anticristo, y su llegada —predice Santa Hildegarda de Bingen—, coincidirá con lo que la Biblia llama *el final del tiempo de los Gentiles,* final que estaría por comenzar, si ya no ha comenzado.

Para volver al futuro inmediato, mientras se combaten guerras y se prevén conmociones graves, se preanuncia también un nuevo florecimiento espiritual, al que se refieren muchas otras profecías en diversos países. Roerich, entre otras cosas, afirma que en todo el Oriente, en la India, en la Mongolia, hasta en la Siberia hay una intensa expectativa por estas "fuerzas de luz" que lograrán notables ventajas sobre las "fuerzas de las tinieblas".

Tal vez ésta será la semilla que fructificará en tribulaciones para los "hijos de la luz", pero que asegurará mejor y más firmemente su victoria final.

La Espera Mística

¡La victoria final! A este glorioso período de paz, probablemente, se refería el mismo Nostradmus, que predijo tantas calamidades y tantos desastres, con su cuarteta No. 42 de la décima *Centuria:*

Le régne humain d'Angelique geniture
Fera son régne paix union tenir.
Captive guerre demy sa closture.
Longtemps la paix leur fera maintenir.

La cuarteta puede ser traducida libremente de esta manera:

La época humana de origen sobrenatural dará paz y unión. La guerra, guardada casi en cautiverio, dejará reinar a la paz por largo tiempo.

¿Estará realmente cerca esa nueva edad de oro, que soñara el gran enemigo del materialismo, el obispo de Berkeley? ¿Se avecina realmente esa fraternidad universal que tantos predijeron?

En verdad, sabemos que amenazan a la humanidad en el siglo que vivimos, nuevas crisis, turbulencias, guerras, pruebas de todo género, y, sin embargo, los pueblos esperan por doquiera la liberación efectiva, simbolizada en un misterioso ser con poderes sobrenaturales.

Esperan los budistas, desde Ceylán a la Mongolia, a Maitreya; las tribus de los Altai aguardan al Burkhan blanco; los hebreos al Mesías; al Muntazar los musulmanes; al Kalki Avatar los hindúes; los chinos encienden el primer día del año los fuegos ante la imagen de Gessar Khan, el "regidor del mundo" que vendrá.

Y los cristianos confían en el retorno de Jesús, de ese Jesús en el cual, como está escrito, todos los pueblos se reunirán en un solo pueblo. Y también ésta es profecía, más aún verdadera "profecía", es decir expresión de la voluntad de Dios.

Se aguarda una vida espiritual más alta, noble y feliz, como ha sido preanunciada casi universalmente. La visión de esta era de paz eleva los corazones y les brinda nuevo calor y nueva fuerza, aun cuando otros males todavía esperen a nuestro mundo humano, porque el hombre, en esencia, fortalecido por conocimientos milenarios y por una experiencia igualmente secular, que le enseña cómo los triunfos y las victorias se pagan a un alto precio, sigue incurablemente optimista, a pesar de los sufrimientos y de los desengaños.

Y es bueno que así sea.

Apéndice

En las páginas precentes se ha aludido a profecías antiguas que excedían del argumento de este libro, dedicado casi exclusivamente a las predicciones de Nostradamus, y que de otra manera hubiera resultado enorme.

Nos parece, sin embargo, oportuno, para mejor ilustración del lector, referirnos brevemente a las que en alguna forma han sido citadas en el texto.

El Misterio de la Gran Pirámide

Nadie ignora que la pirámide de Cheops, más conocida como la Gran Pirámide, contiene una serie de predicciones, ocultas en sus proporciones milagrosamente calculadas, tanto desde el punto de vista matemático como astronómico. Nadie ignora tampoco que gran parte de esas predicciones se han ido cumpliendo exactamente en los milenios transcurridos y que el resto, que se refiere más o menos a un siglo todavía, desde nuestros días en adelante, se está cumpliendo y se cumplirá en los años próximos.

Las medidas de la Gran Pirámide corresponden a los días del año con su fracción de horas (365,06), a los períodos equinociales, al año anomalístico, al año sideral, el valor de "pi" (3,14), a la distancia mínima entre la Tierra y el Sol, al diámetro polar de la Tierra, etc., etc.

Evitando una prolija disgresión, que está fuera de lugar, resumiremos la interpretación de los piramidólogos acerca del simbolismo de los corredores:

1. La Gran Pirámide, en sus corredores de entrada, indica el período entre su construcción y el Éxodo de los hebreos, es decir desde el año 2625 a 1486 a. C.

2. El primer corredor en ascenso termina en el año correspondiente a la crucifixión de Nuestro Señor.

3. Desde allí el corredor horizontal hasta la cámara de la Reina, simboliza la época del renacimiento espiritual; los judíos rechazan a Cristo y su sacrificio expiatorio.

4. El segundo corredor ascendente, o Gran Galería, o *sala de la Verdad en la Luz,* corresponde a la ley cristiana, y llega hasta el año 1914.

5. El primer corredor inferior encierra en sus medidas el período que va desde 1914 a noviembre de 1918.

6. La antecámara, o *Cámara del triple Velo, va desde* 1918 a mayo de 1938, un período de alivio o tregua en el caos.

7. El segundo corredor inferior, cuyas medidas abarcan desde mayo de 1928 hasta septiembre de 1936, simbolizaría la tribulación final. Concuerda con las profecías cronológicas del Antiguo Testamento.

8. El segundo corredor inferior nos lleva a la *Cámara del misterio de la tumba abierta,* o *Cámara del Gran Oriente.* Indicaría ésta la purificación de las naciones, un nuevo tiempo, lleno todavía de peligros, que durará unos 17 años, desde septiembre de 1936 hasta agosto de 1953.

Las fechas del 20 de agosto de 1938, del 3-4 de marzo de 1945 y el 18 de febrero de 1946 corresponden a graves acontecimientos del período citado; entre la primera y la última habrá una gran guerra, a la que seguirá el "Juicio de las Naciones", acontecimientos extraños y oscuros todavía para nuestra inteligencia.

Luego concluirá el período de la destrucción, y desde 1953 comenzará una era de reconstrucción que durará medio siglo, es decir hasta el año 2001, más allá de cuya fecha no va la profecía de la Gran Pirámide. Pero, llegando el Sábado, o Descanso, de los Reconstructores (en septiembre del año 2001), la humanidad habrá alcanzado otro peldaño de su evolución, otra forma de civilización, tal vez en un estado teocrático universal. Entonces, según está escrito en el Apocalipsis, todas las cosas serán renovadas...

El Misterio de la Astrología

La astrología posee una historia tan antigua como la misma humanidad. Floreció en Babilonia, en la India, en el Egipto, en la China, en la Grecia clásica y en Roma. Quedó reducida a la nada con la difusión del cristianismo en Europa, pero las invasiones de los árabes, entre los siglos IX y X, le dieron nuevo impulso. Hasta algunos Papas se dedicaron a su estudio.

Marsilio Ficino, astrólogo de Lorenzo el Magnifico, predijo que uno de los hijos de su protector, Juan de Médicis, ocuparía el sitial de San Pedro, y cuando esto aconteció, el nuevo Pontífice, que había tomado el nombre de León X, se convirtió en protector de los astrólogos.

El arzobispo de San Andrés, enfermo de un mal que los médicos no lograban definir, pidió ayuda a Jerónimo Cardán, matemático y astrólogo famoso en aquella época. En 1552 Cardán fue a Escocia, hizo el horóscopo del sacerdote, estableció por él cuál era la enfermedad y la curó. Al despedirse, dijo al arzobispo: "Pude curaros de vuestro mal, micer arzobispo, pero cambiar no puedo vuestro destino ni impedir que os ahorquen". Rió de la profecía el prelado, rieron de ella también sus amigos. Pero 18 años más tarde, el arzobispo fue ahorcado por orden de los comisarios nombrados por María, reina regente de Escocia.

Julián del Carmen, astrólogo italiano, hizo el horóscopo del primer duque de Florencia, Alejandro de Médicis, y pudo anticiparle que sería asesinado por su primo. Alejandro le echó, burlándose de su predicción; pero la profecía se cumplió.

Cardán, que predijera la horca del arzobispo de San Andrés, publicó hacia 1543 un libro con 67 horóscopos de personalidades de su tiempo. De Martin Lutero aseguró: "Será increíble el número de los secuaces de sus doctrinas. El Sol y Saturno indican la fuerza y la duración de su *herejía*".

Kepler, el gran astrónomo, predijo en 1619 que el emperador Matías perdería la vida en el mes de marzo. La profecía se conoce bajo el nombre de "predicción de las seis M", porque rezaba así:

Magnus Monarcha Mathias Mense Martis Morietur.[1]

Matías murió, en efecto, el 20 de marzo.

[1] El gran monarca Matías morirá el mes de marzo.

Las Profecías sobre los Papas

Entre las numerosas profecías de la Edad Media, sobre las que se discute y se derrama tinta hoy todavía, una de las más curiosas y extrañas, es la que se atribuye a Malaquías, santo irlandés del siglo XII, que se refiere a todos los Pontífices que han ocupado desde entonces la silla de San Pedro, y a los que aún han de ocuparla hasta Pedro el Romano, que sería el último.

La profecía de San Malaquías, escrita en el siglo XII fue publicada recién más tarde en el siglo XVI por Arnoldo Wion de Douay, tal vez porque recién la imprenta podía contribuir a su fácil difusión, tal vez porque una predicción tan grave, y sobre argumento tan delicado, debía ser reservada a pocos lectores.

El profeta designó con veladas o claras alusiones uno tras otro a todos los Pontífices que ocuparían el trono papal, y esas indicaciones han resultado exactas en forma sorprendente. Más aún, esas predicciones coinciden con muchas otras, según las cuales la Iglesia atravesará un período crítico, en una época en la que se anuncian muchas transformaciones, vale decir, más o menos, hacia el final del siglo presente.

La predicción ocupa siete páginas normales de imprenta y contiene 111 designaciones, que se aplican a 111 Papas, comprendiendo a los anti-papas, cuya serie se inició con Celestino II y terminaría con el último Pontífice,

Pedro el Romano, quien, durante la gran persecución de la Santa Iglesia Romana, pacerá a su grey entre muchas tribulaciones.

Las frases empleadas raramente exceden las dos o tres palabras y se refieren al lugar de origen del Papa, a su nombre familiar, a su emblema o al oficio anterior a la elección.

No citaremos el total de esas indicaciones, larga tarea que nos llevaría muy lejos; nos limitaremos a recordar las más sorprendentes.

Celestino III está indicado, por ejemplo, con la frase *De rure-Bovensi;* en efecto, el apellido familiar del Papa era Bovensi. Alejandro IV, señalado con las palabras *Signum Ostiense,* fue, antes de su elección al solio pontificio, cardenal de Ostia. *Ursus velox,* el oso veloz, corresponde a Clemente XIV, que en su emblema familiar tenía un oso corriendo.

Uno de los casos más interesantes es el de León XIII, indicado con el lema *Lumen in coelo,* luz en el cielo. El escudo de la noble familia de los Pecci, a la que pertenecía León XIII, lleva una estrella o cometa, que atraviesa el firmamento. Un siglo antes de León, el vidente conocido bajo el nombre de "Monje de Padua" anunció los próximos 20 Papas, y refiriéndose a él, dice literalmente, en un ímpetu de lirismo: "¡Salve, oh Luz del cielo! Larga vida a León XIII". Vale también la pena recordar que el mismo monje califica a Pío XI como "rey en Italia", lo que coincide con la recobrada soberanía temporal del Vaticano, que se realizó exactamente durante el papado de éste.

El Papa actual debería ser el *Pastor Angelicus,* del cual Se habla en muchas otras profecías desde la Edad Media hasta hoy. Este Pontífice debería ser contemporáneo del último rey de Francia, el *Gran Celta,* y ser el Papa de la unidad, en el sentido que en su época todos los herejes, los paganos, los cismáticos, se convertirán, o por lo menos, se reunirán a la Iglesia Católica. la profecía de Prémol, ya citada, informa que este Papa llamará a los samaritanos y a los gentiles, que se convertirán a sus exhortaciones.

Los seis Papas sucesivos, serán el *Pastor Nautaque* (pastor y marino), *Flos florurn* (flor de las flores), *De medietate lunae* (de la mitad de la Luna o de la Medialuna), *De labore solis* (del trabajo del Sol) y *De gloria olivae* (De la gloria del olivo). Por sus nombres papales serían Pablo VI, Clemente XV, Pío Nicolás V, Gregorio XVIII y León XIV.

Referente al último Pontífice, San Malaquías es más explícito. Pedro el Romano pacerá su grey entre las tribulaciones, en un período crepuscular, cuando caerá la noche, mensajera de una nueva aurora.

La profecía termina así: *Quibus transactis, civitas septicollis diruetur, et judex tremendus judicabit populum".* Es decir: "pasadas las cuales (las tribulaciones), la ciudad de las siete colinas será destruida y el juez tremendo juzgará al pueblo".

Conviene tener presente que la profecía no tiene valor canónico; no puede aceptarse como dogma de fe y es materia de opinión solamente.

¿Será verdadera la profecía o, mejor expresado, será una profecía verdadera la lista de leyendas papales de San Malaquías? Contestaremos: aceptando la regla de Moisés en el *Deuteronomio* (XVIII, 22), es falsa toda profecía que no se cumple, y a la inversa, verdadera la que se realiza, porque si el Señor habla por boca del profeta, su predicción no puede ser otra cosa que la verdad. Y ahora juzgue el lector.

Diccionario de Profecías y Profetas

por Collin de Plancy

ABRAHAM: los orientales no cuentan la historia de este hombre tal como la refieren nuestros sagrados libros. Bernardo Nemrod, en Babilonia, vio en sueños una estrella cuya brillantez ofuscaba el resplandor del Sol. Consultado este ensueño con sus adivinos, éstos le dijeron que debía nacer un niño el cual debía infundirle grandes temores, y entonces Nemrod mandó que desde aquel momento los maridos se separasen de sus mujeres, y encargó a sus más fieles guardias la ejecución de este decreto. Entretanto, Azar, uno de los señores más distinguidos, pudo encontrar medio para pasar una noche con su querida

Adna,[1] y al día siguiente los adivinos dijeron a Nemrod que el niño estaba ya concebido.

Nemrod dispuso que se acechasen con cuidado las mujeres embarazadas y se degollasen a los niños que ellas dieren a luz, pero entretanto Adna, que en nada se le conocía que se hallaba embarazada, fue un día a esconderse en una desconocida cueva donde parió a Abraham, volviéndose a su casa después de haber cerrado mañosamente la entrada de la gruta. La madre iba todos los días a visitar a su hijo para amamantarlo, al cual encontraba siempre chupándose los pulgares, de los cuales de uno mamaba leche y del otro miel.

Fue mucho mayor aún la sorpresa de Adna al observar que su hijo crecía en un día tanto como los otros en un mes. Cuando fue ya grande, su madre lo llevó a la ciudad, donde su padre lo llevó a ver a Nemrod para que le adorase, pero él lo encontró demasiado feo para ser tenido por un Dios, instruido naturalmente, procuró que sus padres se apartasen de la idolatría.

Como hacía cosas maravillosas, le acusaron de mágico. Nemrod, movido por sus adivinos que estaban envidiosos, condenó al santo patriarca a ser metido en un horno ardiente, pero al instante el horno se transformó en una fuente, y las llamas en agua cristalina, de modo que Abraham sólo tomó un baño. Al ver esto un cortesano, dijo a Nemrod: señor, este hombre es más profeta que mágico, de cuyas

[1] En el "Talmud" Madre de Abraham se llamaba "Euteai".

palabras enojado Nemrod, mandó arrojar al cortesano en otro horno que igualmente se cambió en fuente, de modo que aún se enseñan entrambas cerca de Orfa, en cuyas orillas se ven restos de columnas que, según se dice, formaban uno de los tronos de Nemrod.

Las otras maravillas de la vida de Abraham tienen menos relación con el plan de esta obra. Suida e Isidoro en sus *orígenes* atribuyen a Abraham la invención del alfabeto y de la lengua hebraica. Los Guebros dicen que Abraham es su Zoroestres a quien llaman Zerduste, esto es, el amigo del fuego, a causa de la aventura del horno. Philon dice que Abraham era un hábil astrólogo, y Josefo dice también qué reinó en Damasco en donde sacaban horóscopos y ejercía las artes mágicas de los caldeos. Los rabinos le dicen autor de un libro de *la explicación de los sueños* que el patriarca José había estudiado; atribúyesele también una obra titulada Jetzirah o la Creación que compuso, según se dice, para el rabino Akiba. Los árabes le atribuyen el *Sepher,* libro cabalístico sobre el origen del mundo al que Volsio se admiraba de no ver entre los libros canónicos, que es lo mismo que el *Getzirah.* Este libro contiene magia y Astrología, se imprimió en el año 1552 en París, en Mantua en 1562 y en Amsterdam en 1642, y luego Postel lo tradujo al latín.

No hablaremos de las 10 tentaciones de Abraham, ni de su libro sobre la idolatría, ni de Apocalipsis, ni de los salmos que se supone compuso, ni de su testamento, por ser todo apócrifo y que basta indicar. Advertiremos solamente que conocía la Aruspicina, que enseñaba una oración que impedía a los pájaros el comer las semillas, y que algunos doctos le constituyen actualmente juez en la puerta del infierno, mientras que la iglesia coloca a los escogidos en su seno; y terminaremos con una de sus aventuras con el diablo.

Quería saber lo que era la resurrección y al propio tiempo el diablo estaba observando el cadáver de un hombre a quien el mar había arrojado a la playa, y una parte del cual habían ya devorado las fieras, las aves de rapiña y los peces. Encontrando éste una hermosa ocasión para tender un lazo a los hombres respecto a la resurrección; porque, decía, ¿cómo podrán comprender que los miembros de este cadáver distribuidos en los vientres de tan diferentes animales, puedan reunirse para formar el mismo cuerpo en el día de la resurrección general? Sabiendo Dios el proyecto del enemigo del género humano, dijo a Abraham que fuese a pasearse a orillas del mar; obedeció el patriarca, y el demonio no hizo falta en presentársele bajo la forma de un hombre admirado y confundido y proponerle la duda en que estaba acerca de la resurrección.

Después de haberle escuchado, le contestó Abraham: ningún objeto razonable tenéis para dudar así, puesto que a aquel que pudo sacar todas las partes de este cuerpo de la nada, le será mucho más fácil encontrarlas en la naturaleza para reunirlas. El alfarero hace pedazos un cántaro de barro y le vuelve a hacer de la misma tierra cuando le place.

Sin embargo, Dios para contentar a Abraham le dijo, según el alcoran: "Toma cuatro, hazles pedazos y mezclados llévalos en cuatro porciones sobre cuatro montañas distintas, llámalos en seguida y los cuatro vendrán a ti."

Esta historia está sacada del sacrificio de los pájaros del que se habla en el Génesis, Cap. 15; pero los intérpretes musulmanes saben muchas más particularidades de las historias santas de las que nos ha querido declarar Moisés, tan fecunda es en invenciones su imaginación. Ellos dicen, pues, que estos cuatro pájaros eran una paloma, un gallo, un cuervo y un pavo; que Abraham después de haberlos hecho pedazos los mezcló, dividiéndolos en cuatro partes iguales, y aún algunos añaden que los machacó en un mortero haciendo de ello una masa y luego lo dividió en cuatro partes que llevó a la cumbre de cuatro montañas diferentes; hecho lo cual y teniendo en su mano las cabezas que había guardado, les llamó separadamente por sus nombres y cada uno de ellos vino al momento a reunirse con su cabeza y echó a volar.

Adivinaciones: Las adivinaciones son truanerías, dicen los hombres instruidos; y los necios, medios manifiestos de conocer las cosas futuras, ocultas a los hombres en consecuencia de algún pacto hecho con el diablo, o de algún misterioso don. Las hay de más de 100 maneras.

Adivinos: Hombres que adivinan y predicen las cosas futuras. En un siglo tan ilustrado como el nuestro hay aún personas que creen en los adivinos y aparecidos y frecuentemente estas personas tan crédulas han recibido una educación que debiera elevarlos más allá de las preocupaciones vulgares.

Dos señoritas de distinguida clase oyeron hablar de una adivina para la que no estaba oculto el porvenir, resolvieron consultarla, y se encaminaron a su casa al ir al teatro, es decir, con todos sus adornos. Las alhajas que llevaban deslumbraron a la adivina: "Señoras —les dijo—; si queréis ver el porvenir es necesario os arméis de valor, sabed que todos tenemos en este mundo un espíritu que nos acompaña sin cesar, pero que no se muestra a nosotros sino cuando a ello le fuerza un poder superior. Sólo me es dado a mí el procurar una conversación particular con el vuestro; pero de ningún modo cederá a mis conjuros si no aceptáis algunas condiciones absolutamente necesarias". Las señoras preguntaron con afán cuáles eran éstas, "Vedlas aquí —prosiguió la vieja—; debéis despojaros de los vestidos que os cubren y quitaros por un momento estas obras de lujo, que prueban bien cuánto se ha pervertido el linaje humano. Adán estaba desnudo cuando hablaba con los espíritus".

Las señoras vacilan; y les vienen tentaciones de retirarse; pero cobran valor, y la curiosidad las arrastra. Los vestidos y las joyas son depositados en un cuarto y cada una de las señoras conducidas a dos gabinetes separados. En ellos permanecieron más de dos horas con una impaciencia difícil de expresar. En fin, no viendo comparecer al espíritu, empiezan a creer que han sido engañadas. Se apodera de ellas el espanto, dan agudos gritos; sus gentes y los vecinos acuden, y las sacan de su prisión. La pretendida adivina, después de haberlas encerrado, se había ido de su casa con los vestidos de ellas y los suyos.

Habiendo sido hurtado de la casa de un gran señor un plato de plata, el que estaba encargado de la vajilla, se fue con un compañero suyo a ver una vieja que ganaba su sustento adivinando. Creyendo haber ya hallado al ladrón y recobrado el plato, llegaron al amanecer a la casa de la adivina, que notando al abrir que habían llenado la puerta de lodo y de basura exclamo encolerizada: "Si supiera quién ha sido el pícaro que aquí ha puesto esto, se lo echaba todo por las narices". El que iba a consultarla, mirando a su compañero: "¿Por qué —le dijo— vamos a perder el dinero? ¿Podrá acaso decirnos esta vieja quién nos ha robado, cuando no sabe adivinar tan siquiera las cosas que a ella le tocan?"

Aeromancia: Arte de predecir las cosas futuras por el examen de las variaciones y fenómenos del aire. En virtud de esta adivinación es el que un cometa anuncia la muerte de un gran personaje. Sin embargo, estos presagios extraordinarios pertenecen a la *Teratoscopía.*

Francisco de la Torreblanca dice que la Aeromancía es el arte de decir la buenaventura, haciendo aparecer espectros en los aires, o representando, ayudado de los demonios, los acontecimientos futuros en una nube, como en una linterna mágica. "En cuanto a los relámpagos y truenos —añade éste—, pertenecen a los augures; y los aspectos del cielo y los planetas pertenecen a la astrología".

Agreda (María de): Religiosa española que a mediados del siglo XVII, publicó *la mística ciudad de Dios, milagro de la Omnipotencia, abismo de la gracia: historia divina de la vida de la Santísima Virgen María madre de Dios, reina y señora nuestra, manifestada en estos últimos tiempos por la Santa Virgen o la hermana María de Jesús abadesa del convento de la Inmaculada Concepción de la ciudad de*

Agreda y escrita por esta misma hermana por orden de sus superiores y confesores. Se imprimió en Madrid, en Lisboa, en Perpiñán y en Amberes; la tradujo en francés el P. Crozet, recoleto, en Marsella el año 1696: fue prohibida por la Sorbona, etc., etc. Esta traducción se reimprimió en Bruselas en 1715, tres tomos en cuarto, y en 1717, en ocho tomos en doceavo.

La hermana María, suponía que 10 años atrás recibió del cielo la orden de escribir esta historia, que la Santa Virgen le dictó a poca diferencia. Ella cuenta que el diablo hizo cuanto pudo para impedir el nacimiento de la madre del Mesías; la que cuando nació, la transportó Dios al cielo empíreo dándole 900 ángeles para su guarda, 12 para su servicio y 18 para sus comisiones. Los detalles de lo que hizo María en el seno de su madre, están escritos con conocimiento de causa. Antes de llegar a la edad de tres años, María con la ayuda de sus ángeles barría la casa y hacía todos sus quehaceres. El capítulo XV contiene las tentaciones que intentó el demonio para hacerla perder su pudor; respetamos bastante la decencia para mencionarlos aquí; sin embargo, no es indigna de leerse esta novela.

Creíase que Castelldorrius, embajador de España en Francia en 1699, entre sus instrucciones tenía la de hacer revocar el decreto de la Sorbona, que prohibía el libro de María de Agreda y obtener que se permitiese su lectura en Francia, lo que no logró.

Alectriomancia o Electoromancia: Adivinación por media del gallo. Sin detenernos en las calidades del referido animal que para nosotros es un reloj vivo, advertiremos que sin duda a causa de su mérito, se han servido de él como de un ser privilegiado para decir la buena ventura. Los antiguos adivinaban las cosas futuras por medio del gallo y ved ahí el método que seguían.

Trazábase en la arena un círculo que lo dividían en 24 partes iguales en cada una de las que figuraba una letra del alfabeto; poníase en cada letra un grano de trigo o de cebada; se colocaba en seguida en medio del círculo un gallo adiestrado a este ejercicio. Se observaba con cuidado de qué letras se comía los granos, y de estas letras reunidas formaban una palabra que servía de contestación a lo que se pretendía saber.

Algunos adivinos, entre los que se cita a Jamblico, queriendo saber quién sucedería al emperador Valente, emplearon la Alectriomancía, y el gallo sacó las letras THEOD... Instruido Valente de esta profecía, mandó matar a muchos mágicos y se deshizo de todas las personas de consideración cuyo nombre empezaba con estas letras fatales, lo que no impidió que su cetro pasase algunos años después, en manos de Teodosio el Grande.

Pero, según todas las apariencias, esta profecía se hizo después del acontecimiento, y Amiano Marcelino cuenta esto de otro modo, diciéndonos que bajo el imperio de Valente, se encontraban entre los brujos muchas personas de consideración y algunos filósofos, quienes, curiosos de saber cuál sería la suerte del emperador reinante, se reunieron durante la noche en una casa en que acostumbraban celebrar sus ceremonias; empezaron por levantar un trípode de raíces y ramas de laurel, que consagraron con horribles imprecaciones; sobre este trípode colocaron un vaso formado de diferentes metales, y colocaron en derredor, en distancias iguales, las letras del alfabeto. Entonces el brujo más sabio de la compañía se adelantó envuelto en un largo velo, llevando en la mano hojas de verbena y haciendo a gritos, horribles invocaciones que acompañaba con asquerosas convulsiones. Luego, deteniéndose repentinamente delante del vaso mágico, permaneció inmóvil teniendo un anillo colgado de un hilo y apenas acababa de pronunciar las palabras del sortilegio, que se vio conmover el trípode, menearse el anillo y dar ya a una letra ya a otra, y al momento que habían sido tocadas estas letras se iban a alinear por sí mismas una al lado de otra, sobre una mesa en que compusieron hermosos versos heroicos, que admiró toda la reunión

Valente, que tuvo cuidado de informarse de esta operación y que no le acomodaba se consultase al infierno sobre su destino, castigó severamente a los grandes y los filósofos que habían asistido a este acto de brujería; y aun extendió bárbaramente un decreto de proscripción contra todos los filósofos y brujos de Roma. Pereció una muchedumbre de éstos y los grandes, disgustados de un arte que les exponía a tan crueles suplicios, abandonaron la magia al populacho y a las viejas, que ya no la hicieron servir sino para pequeñas intrigas y maleficios bajos.

Aleuromancia: Adivinación que se practicaba por medio de la harina. Metíanse cedulillas arrolladas en un montón de harina, meneándole por nueve veces de una parte a otra; repartiase en seguida aquella masa a los diferentes curiosos y cada uno razonaba o soñaba según la cedulilla que le había cabido en suerte. Apolo, que presidía a esta adivinación, era llamado por esto Aleuromantis y aún han quedado algunos restos de esta costumbre en los campos.

Alfitomancia: Adivinación por medio del pan de cebada, la que se conoce desde los más antiguos tiempos. Nuestros padres cuando entre muchos acusados querían conocer al culpable y obtener de él la confesión de su delito, hacían comer a aquellos de quienes sospechaban, un pedazo de pan de cebada. El que lo tragaba sin estorbo se le reconocía por inocente, mientras que al que era criminal se le indigestaba.

De esta costumbre, que era también recibida en las leyes canónicas y empleada en las pruebas del juicio de Dios, ha procedido esta maldición popular: "¡Si miento, que este pedazo de pan me ahogue!"

Ved ahí cómo se procede para esta adivinación, lo que sólo sirve para descubrir lo que un hombre tiene en su corazon.

Tómese harina pura de cebada; amásese la masa con leche y sal sin poner levadura; se le envuelve en un papel untado y se hacc cocer este pan bajo la ceniza; frótensele en seguida hojas de verbena y se hace comer a aquel que se teme engañe y lo digiere si la presunción es fundada. De esta suerte un amante puede saber si su querida le es fiel, y una mujer si su marido no le hace perfidias.

Había cerca de lavinio un bosque sagrado donde se practicaba la Alfitomancía. Unos sacerdotes alimentaban en una caverna una serpiente según unos y según otros un dragón, al que ciertos días del año tenían que llevar de comer las doncellas que con los ojos vendados debían dirigirse a la gruta llevando en la mano una torta hecha por sus propias manos con miel y harina de cebada. "El diablo las guiaba, dice Delancre, y aquella a quien la serpiente se negaba a comer la torta, se tenía por no doncella."

Alomancía: Adivinación por medio de la sal, cuyo proceder es bastante desconocido. A propósito de la Alomancía, se dice que un salero puesto boca a bajo es de muy mal agüero.

Alquimia: La Alquimia o la Altaquimia y Química por excelencia, que se llama también filosofía hermética, es esta sublime parte de la química que se ocupa del arte de transformar los metales.

El secreto quimérico de hacer el oro ha estado en boga entre los chinos mucho tiempo antes que de ello se tuviesen las primeras noticias en Europa. Ellos hablan en sus libros en términos mágicos de la simiente del oro y del polvo de proyección. Ellos prometen sacar de sus crisoles no solamente el oro, sino que también un remedio específico y universal que procura a los que le toman una especie de inmortalidad.

Zózimo, que vivió a principios del siglo V, es uno de los primeros entre nosotros que haya escrito sobre el modo de hacer oro y plata, o el modo de fabricar la piedra filosofal. Esta piedra es un polvo o un licor formado de diversos metales en fusión bajo una constelación favorable.

Sibon repara que los antiguos no conocían la Alquimia; sin embargo, se ve en Plinio que el emperador Calígula emprendió hacer oro con una preparación de arsénico, y que abandonó su proyecto porque los gastos subían a más que el provecho que podía sacar.

Algunos partidarios de esta ciencia suponen que los egipcios conocían todos sus misterios, pero, ¿cómo se habrían dejado perder tamaños secretos? Mas probable es que la Alquimia es una invención de los árabes, quienes tuvieron en otro tiempo muchos brazos ocupados en sus hornillos, en los que siempre encontraban sólo ceniza.

Esta preciosa piedra filosofal, que se llama también elíxir universal, agua del sol, polvo de proyección, que tanto se ha buscado y jamás encontrado, procuraría al que tuviese la dicha de poseerlo, riquezas incomprensibles, una salud siempre florida, una vida sin enfermedades y aún, según el parecer de más de un cabalista, la inmortalidad; nada encontraría que le pudiese resistir y sería como un dios sobre la Tierra.

Para hacer esta gran obra es menester, según algunos, oro, plomo, hierro, antimonio, vitriolo, soliman, arsénico, tártaro, mercurio, agua, tierra y aire a lo que se debe unir un huevo de gallo, saliva, orines y excremento humano. Un filósofo ha dicho también, y con razón, que la piedra filosofal era una ensalada y que para ella se necesitaba sal, aceite y vinagre.

Otros dan esta receta como el verdadero secreto de hacer la obra hermética: Poner una vasija de vidrio muy fuerte, en baño de arena, elíxir de Aristeo con bálsamo de mercurio e igual peso del más puro oro de vida o precipitado de oro y la calcinación que quedará al fondo de la vasija se multiplicará cien mil veces.

Si no sabe cómo procurarse el elíxir de Aristeo y el bálsamo de mercurio puede pedirse a los espíritus cabalísticos o, si se prefiere, al demonio barbudo del que hablaremos luego.

Como el poseedor de la piedra filosofal sería el más glorioso, el más poderoso, el más rico y el más dichoso de los mortales, que lo convertiría todo en oro a su voluntad gozaría de todos los bienes de este mundo, no nos debemos admirar de que tanta gente haya pasado su vida en los hornillos para descubrirla. El emperador Rodolfo nada deseaba tanto como encontrarla. El rey de España Felipe II empleó sumas inmensas en hacer trabajar a los alquimistas en la conversión de los metales, sin obtener nada. Todos cuantos han seguido sus pasos han tenido la misma suerte, de modo que se ignora aún cuál es el color y la forma de la piedra filosofal.

Los alquimistas suponen más allá en sus sueños que muchos sabios la han poseído; que Dios la enseñó a Adán, quien comunicó el secreto a Enoch y de quien fue bajando por grados a Abraham, a Moisés, a Job, que multiplicó sus bienes siete veces por medio de la piedra filosofal; a Santo Domingo, a Parecelso y finalmente al famoso Nicolás Flamel. Citan con respeto algunos libros de filosofía hermética que atribuyen a María, hermana de Moisés, a Hermes Trismegisto, a Demócrito, a Aristóteles, a Santo Tomás, etc., etc. La caja de Pandora, el vellocino de oro de Jason, la roca de Sisifo, el muslo de oro de Pitágoras, sólo es, según ellos, la obra magna. Añaden aquellos delirantes que encuentran todos sus misterios en el Génesis y en el Apocalipsis principalmente (del que hacen un poema en alabanza de la Alquimia), en la Odisea y en las Metamorfosis de Ovidio. Los dragones que velan, los toros que respiran fuego, son emblemas de los trabajos herméticos. Gabino de Montluisan, gentil hombre, ha dado también una extravagante explicación de las figuras extrañas que adornan la fachada de nuestra Señora de París, en las que veía una historia completa de la piedra filosofal. El Padre Eterno, extendiendo los brazos y sosteniendo un ángel en cada una de sus manos, anuncia bastante, según él dice, la perfección de la obra concluída.

Otros aseguran que no puede poseerse el gran secreto sino con el socorro de la magia; llaman demonio barbudo al que se encarga de enseñarla, y quien, según dicen, es un demonio muy viejo. Se encuentran para apoyo de esta opinión, en muchos libros de conjuraciones mágicas, fórmulas para evocar a los demonios herméticos. Cedreno, que creía esto, cuenta que un alquimista presentó al emperador Anastasio, como obra de su arte, un freno de oro y pedrerías para su caballo. El emperador aceptó el regalo e hizo meter al alquimista en una prisión donde murió; después de lo cual, el freno se volvió negro, con lo que se creyó que el oro de los alquimistas sólo es una farsa del diablo; pero muchas anécdotas prueban que no es más que una farsa de los hombres.

Un empírico que pasó por Sedan, dio a Enrique I, príncipe de Bullon, el secreto de hacer oro, que consistía en fundir en un crisol un gramo de polvo rojo que él le dio, con algunas onzas de litargirio. El príncipe hizo la operación en presencia del charlatán y sacó tres onzas de oro de tres granos de aquel polvo, lo que le puso más contento que admirado, y el adepto para acabar de seducirle le regaló todo su polvo transmutable.

Había de él 300,000 granos, con los que creía él poseer 100,000 onzas de oro. El filósofo llevaba prisa en su viaje, pues debía llegar a Venecia para asistir a la gran reunión de filósofos herméticos; nada le había quedado, pero sólo pedía 20,000 escudos; el duque de Bullon le dio 40,000 y le despidió con honor.

A su llegada a Sedan, el charlatán había hecho comprar todo el litargirio que tenían los boticarios, a quienes lo volvió a vender, cargado de algunas onzas de oro. Cuando aquel litargirio estuvo concluido, el príncipe no hizo más oro, no vio más al empírico, y quedó embromado en sus 40,000 escudos.

Jeremías Medero, citado por Delrío, cuenta un engaño casi del todo igual que otro adepto dio al marqués Ernesto de Bade. Todos los soberanos se ocupaban antiguamente de la piedra filosofal, la que buscó por mucho tiempo la famosa Isabel. Juan Gautier, barón de Plumerolles, se alababa de saber hacer oro. Carlos IX, engañado por sus promesas, le mandó dar 120,000 libras y el adepto puso manos a la obra, pero después de haber trabajado ocho días, huyó con el dinero del monarca. Corrióse en su persecución y fue preso y ahorcado.

En 1616 el gobierno francés dio también a Guido de Grusemburgo 20,000 escudos para trabajar en la Bastilla a fin de hacer oro: huyó pasadas tres semanas, con los 20,000 escudos, y no se le volvió a ver en Francia.

Enrique VI, rey de Inglaterra, se vio reducido a tal grado de necesidad que, según Evelino en su *numismática,* intentó llenar sus cofres con la ayuda de la alquimia. El encabezamiento de este singular proyecto contiene las protestas más solemnes y más serias sobre la existencia y virtudes de la piedra filosofal, animando a los que se ocupasen de ella, anulando y condenando todas las anteriores prohibiciones. Créese que el libelo de este encabezamiento fue comunicado por Selden, archivero mayor, a su íntimo amigo Ben Johnson, cuando componía su comedía el *Alquimista.*

Así que se publicó esta real cédula, muchos hicieron tan hermosas promesas de lograr lo que el rey deseaba, que al año siguiente S. M. publicó otro edicto en el que declaro a sus súbditos que la hora tan deseada se acercaba ya, y que por medio de la piedra filosofal que pronto iba a poseer, pagaría las deudas del Estado en oro y plata acuñados…

Carlos II pensaba también en la alquimia, y las personas ocupadas en operar en la obra magna eran tan de nota como ridícula era la cédula, porque la formaban monjes, drogueros, tenderos y atuneros, y la cédula fue concedida; *authoritate paramenti.*

Los alquimistas eran llamados antiguamente *multiplicadores,* como se ve por el estatuto de Enrique IV de Inglaterra que no creía en la Alquimia. Este estatuto se encuentra en la cédula siguiente de Carlos 11.

"Nadie de hoy en adelante se atreverá a *multiplicar* el oro ni la plata, ni emplear la supercheria de la multiplicación bajo la pena de ser tratado y castigado por felonía".

Léese aún en las *curiosidades de la literatura,* que una princesa inglesa, muy amiga de la Alquimia, encontró un hombre que suponía tener el poder de cambiar el plomo en oro, y este filósofo hermético, pedía únicamente los materiales y el tiempo necesario para ejecutar la conversión que había prometido. Fue llevado a la casa de campo de su protectora, donde se construyó para él un vasto laboratorio, y a fin de que no se le estorbase se prohibió a todos la entrada: así que recibía la comida sin ver y sin ser visto, y sin que nada pudiese distraerle de sus sublimes ocupaciones.

Durante dos años que estuvo en el castillo no consintió en hablar con nadie, ni aún con la princesa, y cuando por primera vez se vio ésta introducida en su laboratorio, vio con grata admiración alambiques, calderas inmensas, largos cañutos, hornos, hornillos y tres o cuatro fuegos infernales, encendidos en diferentes lados de esta especie de volcán; no contempló con menos admiración la ahumada figura del alquimista, pálido, descarnado y debilitado por sus operaciones y vigilias, quien le reveló en un lenguaje ininteligible los resultados que obtuvo, y ella vio o creyó ver bocas de minas de oro desparramadas por su laboratorio.

Entretanto el alquimista pedía continuamente un nuevo alambique o inmensas cantidades de carbón, y la princesa, a pesar de su celo, que veía ya gastada gran parte de su fortuna para abastecer las demandas del filósofo, empezó a regularizar los vuelos de su imaginación con los consejos de la prudencia. Ya habían transcurrido dos años en que se habían gastado inmensas cantidades de plomo y aún no veía más que plomo: descubrió sus ideas al filósofo y éste le confesó sinceramente que él mismo estaba sorprendido de la lentitud de sus progresos, pero que iba a redoblar sus esfuerzos y a aventurar una laboriosa operación de la que había creído poderse pasar sin ella hasta entonces. Su protectora se retiró, y las doradas visiones de la esperanza recobraron todo su primer imperio.

Un día que ella estaba comiendo, un horrible grito seguido de una explosión parecida a la de un cañón del mayor calibre, se dejó oir y al momento se dirigió con sus criados al aposento del alquimista en el que encontraron dos largas vasijas rotas, una gran parte del laboratorio incendiada y al físico quemado de los pies a la cabeza.

Elías Ashmole en su cotidiana del 13 de mayo de 1655, escribe:

"Mi padre Backhousse (astrólogo que le había adoptado por hijo, conforme a la práctica de los adeptos), estando enfermo en Fleetstret, cerca de la iglesia de San Dustan, y encontrándose a las once de la noche a punto de expirar, me reveló el secreto de la piedra filosofal, única herencia que me dejó con su muerte." Por esto sabemos que un desgraciado que conocía el arte de hacer el oro, vivía sin embargo de limosnas y que Ashmole creía firmemente ser poseedor de la tal receta.

Ashmole, sin embargo, ha elevado un monumento harto curioso de las sabias locuras de su siglo, en su teatro *químico británico.* Aunque éste sea más bien un historiador de la Alquimia que un adepto en esta frívola ciencia, el curioso pasará ratos divertidos recorriendo el tomo 4º en el que ha reunido los tratados de varios alquimistas ingleses. Esta colección presenta diversos lances de los misterios de la secta de los empíricos, y Ashmole cuenta algunas anécdotas mucho más maravillosas que las quiméricas invenciones de los árabes, dice de la piedra filosofal que de ella sabe bastante para callarse y que no sabe bastante para hablar.

La Química moderna no ha perdido sin embargo las esperanzas, por no decir la certeza, de ver un día verificados los dorados sueños de los alquimistas. El doctor Girtanner de Gottinóue últimamente ha aventurado la profecía de que en el siglo XIX sería generalmente conocida la transmutación de los metales; que todos los alquimistas sabrán hacer oro; que los instrumentos de cocina serán de oro y de plata, lo que contribuirá mucho a alargar la vida, que en el día se encuentra comprometida por los óxidos del cobre, del plomo, del hierro que tragamos con nuestros almientos.

Acabaremos con una anécdota que merece colocarse aquí: Había en Pisa un usurero muy rico llamado Grimaldi, que había reunido sumas a fuerza de tacañerías; vivía solo y muy mezquinamente, no teniendo criado, porque le habría tenido que pagar su salario; ni perro, porque le tendría que alimentar. Una noche en que había cenado en casa de un amigo y que se retiraba solo y muy tarde, a pesar de la lluvia que caía en abundancia, alguno que le esperaba cayó sobre él para asesinarle. Al sentirse Grimaldi herido de una puñalada, entró en la tienda de un platero que por casualidad estaba aún abierta. Este platero, lo mismo que Grimaldi, pretendía hacer fortuna, pero por otro camino que el de la usura, pues buscaba la piedra filosofal, y como aquella noche hacía una gran fundición, había dejado su tienda abierta para templar el calor de sus hornillos.

Tacio (así se llamaba el platero) habiendo reconocido a Grimaldi, le preguntó qué hacía a aquella hora en la calle: "¡ay de mí!, contestó Grimaldi, acabo de ser asesinado", y al decir esto se sienta y muere. Esta desgracia ponía a Tacio en el más extraño embarazo. Pero pensando pronto que todos los vecinos estaban dormidos o encerrados por causa de la lluvia y que él estaba solo en su tienda, concibió un proyecto atrevido y que sin embargo le parecía fácil. Nadie había visto entrar en su casa a Grímaldi, y declarando su muerte se podía sospechar de él; así es que cerró su puerta y pensó cambiar en bien esta desgracia, lo mismo que pensaba cambiar el plomo en oro.

Tacio sabía ya o sospechaba las riquezas de Grimaldi; empezó por registrarle y habiéndole encontrado en sus faltriqueras junto con algún dinero un grueso manojo de llaves, resolvió probar las cerraduras del difunto. Grimaldi no tenía parientes, y el alquimista no encontraba a mal instituirse en su heredero, por lo que, provisto de una linterna, emprendió su camino.

Hacía un tiempo horrible, pero no se arredró por ello. Llega en fin, prueba las llaves, entra en el aposento, busca la caja y después de muchos trabajos consigue abrir todas las cerraduras. Encuentra anillos de oro, brazaletes, diamantes y cuatro sacos en cada uno de los cuales leyó con alegría *tres mil escudos en oro.* Apoderándose de ellos regresa a su casa sin que nadie le hubiese visto.

De vuelta guarda suspicazmente sus riquezas, después de lo cual pensó en enterrar al difunto; le toma en brazos, le lleva a su bodega y habiendo hecho un hoyo de cuatro pies de profundidad lo entierra con sus llaves y vestidos; finalmente vuelve a cubrir el hoyo con tanta precaución que no se notara que en aquel lugar se hubiese siquiera tocado la tierra.

Hecho esto, corre a su aposento, abre sus sacos, cuenta su oro y encuentra las sumas perfectamente conformes con los rótulos. En seguida guardó todo en un armario secreto y se fue a acostar porque el trabajo y la alegría le habían cruelmente fatigado.

Algunos días después, no apareciendo Grimaldi, abrieron sus puertas por orden de la justicia y quedaron todos sumamente admirados de no encontrar en su casa dinero. Se hicieron varias pesquisas por mucho tiempo y solamente cuando ya no se hablaba de él, fue cuando Tacio aventuró algunos dichos acerca de los descubrimientos químicos. Se burlaban en su cara, pero él sostenía con tesón los adelantos que iba haciendo, graduando con destreza sus discursos y alegría. Finalmente habló de un viaje a Francia para ir a vender los resultados obtenidos, y a fin de representar mejor su papel, fingió tener necesidad de dinero para embarcarse. Pidió prestados 100 florines sobre un cortijo. Se le creyó del todo loco, pero no por eso dejó de marchar, mofándose en su interior de sus conciudadanos, que se burlaban de él.

En tanto llegó a Marsella, cambió su oro en letras de cambio contra buenos banqueros de Pisa y escribió a su mujer que había ya vendido sus mercancías. Su carta infundió tal admiración en todos los ánimos, que duraban aún a su llegada a la ciudad. Tomó un aire triunfante al entrar en su casa, y para añadir pruebas físicas a las verbales que daba de su fortuna, fue a buscar 12,000 escudos de oro en casa de los banqueros. Era casi imposible negarse a tal demostración. Se contaba por todas partes su historia, y se exaltaba por doquier su ciencia, y pronto fue puesto al nivel de los sabios y obtuvo a la vez la doble consideración de rico y de hombre de genio.

Se cuenta igualmente que un adepto que se decía poseedor de la piedra filosofal pidió una recompensa a León X, y este Pontífice, protector de las artes, encontró justa su pretensión y le dijo volviera al otro día; acudió alegre el charlatán, pero León le mandó dar una gran bolsa vacía, diciéndole que ya que sabía hacer oro, sólo necesitaba una bolsa para meterlo; el conde de Oeseustiern atribuye esta contestación al papa Urbano VIII, a quien un adepto dedicó un tratado de Alquimia.

El día, aunque se hayan disipado un tanto nuestros primeros errores, la lista de los que para encontrar la piedra filosofal alambicaban aún raíces de coles, uñas de topos, acederas, hongos, el sudor del Sol, salivazos de la Luna, pelos de gato, ojos de sapo, flor de estaño, etc., en Francia y aun sólo en París, se llenarían tomos enteros.

Ved ahí la definición que un autor moderno ha dado de la Alquimia: "Es un arte rico en esperanzas, liberal en promesas, ingenioso para las penas y fatigas, cuyo principio es mentir, el medio trabajar y el fin mendigar".

Tratado de Química filosófica y hermética, enriquecido con las operaciones más curiosas del arte, impreso en París el año 1725, en 12, con aprobación firmada por Audry, doctor en medicina y privilegiado del rey.

"Al principio, habiéndolo bien considerado los sabios, han reconocido que el oro engendra oro y la plata, plata, y pueden multiplicarse en sus especies.

"Los antiguos filósofos, trabajando por la vía seca, han sacado una parte de su oro volátil y le han reducido a sublimado, blanco como la nieve y reluciente como el Cristal, y han convertido la otra parte en una sal fija, y de la conjunción del volátil con el fijo han hecho su *elíxir*".

Los filósofos modernos han extraído del mercurio un espíritu ígneo, mineral, vegetal y multiplicativo, en cuya concavidad húmeda está oculto el *mercurio primitivo o quinta esencia católica;* esto es universal. Por medio de este espíritu se atrae el germen espiritual contenido en el oro, y por esta vía, que han llamado *vía húmeda,* su azufre y su mercurio han sido hechos; el mercurio de los filósofos no es sólido como el metal, ni suave como el mercurio, sino un intermedio.

"Han tenido este secreto oculto por mucho tiempo, porque es el principio, medio y fin de la obra; vamos a descubrirla para el bien de todos".

"Para hacer este ejercicio es necesario: 1. Purgar el mercurio con sal y vinagre. 2. Sublimarle con vitriolo y salitre. 3. Disolverle en el agua fuerte. 4. Sublimarle de nuevo. 5. Calcinarle y fijarle. 6. Disolver una parte por deliquio en la cavidad, donde se resolverá en licor o aceite. 7. Destilar este licor para separar el agua espiritual, el aire y el fuego. 8. Meter este cuerpo mercurial calcinado y fijado en el agua espiritual o espíritu líquido mercurial destilado. 9. Purificarlos reunidos hasta que se ennegrezcan; después en la superficie se elevará un espíritu, un azufre blanco inodoro que también se llama *sal amoníaco.* 10. Disolver esta sal amoníaco en el espíritu mercurial liquido, luego destilarle hasta que todo llegue a licor y entonces quedará hecho el *vinagre de los sabios.* 11. Esto hecho, será menester pasar del oro al antimonio por tres veces y después reducirle a cal. 12. Poner esta cal de oro en vinagre muy agrio, dejarla putrificar y en la superficie del vinagre se elevará una tierra en hojas del color de las perlas orientales; es necesario sublimarle de nuevo hasta que esta tierra sea muy pura, y entonces tendréis hecha la operación de la grande obra.

"Para el segundo trabajo, tomad una parte de esta cal de oro y dos de la agua espiritual cargada de su sal amoníaco; poned esta noble confección en un vaso de cristal de forma de huevo, y tapadle herméticamente; mantened un fuego suave y continuo; el agua ígnea disolverá poco a poco la cal de oro; se formará un licor que es el agua de los sabios, y su verdadero cahos, conteniendo las calidades elementales: cálido, seco, frío y húmedo. Dejad putrificar esta composición hasta que se vuelva negra; y esta negrura que se llama la cabeza de cuervo y el *saturno de los sabios,* da a conocer al artista que ya está en buen camino.

"Pero para quitar esta negrura fétida, que se llama también *tierra negra,* se debe hacer hervir de nuevo hasta que el vaso no presente más que una sustancia blanca como la nieve. Este grado de la obra se llama el Cisne.

Es necesario en fin fijar con el fuego, este licor blanco que se calcina y se divide en dos partes, la una blanca por la plata, y la otra roja por el oro; entonces quedarán cumplidos los trabajos y poseeréis la piedra filosofal.

"En las varias operaciones se pueden sacar varios productos. Al principio el *león verde* que es un líquido espeso que se llama también *azoote* y que hace salir el oro oculto en los materiales innobles; el león rojo que convierte los metales en oro es un polvo de un rojo vivo; la cabeza de cuervo, llamada también *la vela negra del navío de Theseo,* depósito negro que precede al león verde y cuya aparición a los 40 días promete el buen resultado de la obra sirve para la descomposión y putrefacción de los objetos de que se quiere sacar el oro; la pólvora blanca que transmuta los metales blancos en plata fina; el *elíxir rojo,* con el cual se hace el oro y se curan todas las heridas; el *elíxir blanco, con* el cual se hace la plata y se procura una vida sumamente larga. Se le llama también *la hoja blanca de los filósofos,* y todas estas variedades de la piedra filosofal, vegetan y se multiplican".

El resto del libro está por el mismo estilo, y contiene todos los secretos de la Alquimia al descubierto.

Amniomancia: Adivinación por medio de la toca o membrana que envuelve algunas veces la cabeza de los recién nacidos; las comadres predicen la futura suerte del recién nacido con la inspección de esta toca que anuncia feliz destino si es de color de rosa, y desgracias si se presenta de color de plomo.

Antropomancia: Adivinación por el aspecto de las entrañas de los hombres o mujeres reventados, cuyo horrible uso es muy antiguo... Herodoto dice que Menelao, detenido en Egipto por los vientos contrarios, sacrificó a su bárbara curiosidad dos niños del país y procuró indagar el destino en sus entrañas. Heliogábalo también practicaba esta adivinación. Juliano el Apóstata en sus operaciones mágicas y sacrificios nocturnos hacía matar, dicen un gran número de chiquillos para consultar sus entrañas. En su última expedición, estando en Carra, en la Mesopotamia, encerróse en el templo de la luna, y después de haber hecho cuanto quiso con los cómplices de su impiedad, selló las puertas y colocó una guardia que no debía relevarse hasta su regreso; pero murió en la batalla que dio contra los persas, y los que entraron en el templo de Carra bajo el reinado de Joviano, su sucesor, encontraron una mujer colgada por los cabellos, las manos extendidas, el vientre abierto y el hígado arrancado... Al menos así lo cuentan.

Apantomancia: Adivinación sacada de los objetos que se presentan de improviso, tales son los presagios que se sacan del encuentro de una liebre o de una anguila, etc.

Aritmancia: Malamente llamada por algunos modernos Aritomancía, adivinación por los números. Los griegos examinaban el número y el valor de las letras en el nombre de dos combatientes, y auguraban que aquel cuyo nombre contenía más letras y de mayor valor quedaría victorioso, y en virtud de esta ciencia fue como algunos adivinos previeron que Aquiles debía vencer a Héctor.

Los caldeos, que también la practicaban, dividían su alfabeto en tres partes, compuesta cada una de siete letras, las que atribuían a los siete planetas para sacar presagios. Los platónicos y pitagóricos eran muy aficionados a esta especie de adivinación que comprende también parte de la cábala de los judíos.

Armomancia: Adivinación que se practica con la inspección de las espaldas. Se dice aún en día que un hombre de anchas espaldas es más propio para los combates de amor, que uno de pecho estrecho.

Aspidomancia: Adivinación poco conocida que se practica en las Indias, según algunos viajeros. Delancre dice que el adivino, o brujo, traza un círculo, en el cual se coloca encima un escudo, murmura algunos conjuros, hácese hediondo, y no sale de su éxtasis sino para anunciar las cosas que se desean saber, y que el diablo quiere revelarle.

Astragalomancia: Adivinación por los dados. Tómense dos dados marcados como de costumbre con los números 1, 2, 3, 4, 5 y 6, los cuales unidos dan 12 caras; se pueden arrojar, si se quiere, un dado solo o los dos a la vez. Queréis adivinar algún negocio que os preocupa o penetrar en los secretos del porvenir, dibuja primero la pregunta sobre un papel que habréis pasado por el humo de la madera de jengibre, luego coloca este papel con lo escrito por debajo, encima de la mesa, de manera que no se vea lo escrito, y tira los dados.

Escribiréis las letras a medida, que se vayan presentando y combinándose os darán la contestación que deseáis: el 1 equivale a la A; el 2 a la E; el 3 a la 1 o Y el 4 a la O; el 5 a V; el 6 a la B, la P o la V; el 7 a la C, la K o la Q; el 8 a la D, o la A; el 9 a la F, la S, la X o la Z; el 10 a la G o la J; el 11 a la L, la M o la N; y el 12 a la R.

Arrójese ordinariamente un dado, y luego alternativamente los dos a la vez. Si la contestación es oscura no se debe uno admirar, pues la suerte algunas veces sólo da iniciales, y si no podéis comprender nada, recurre a otras adivinaciones: tómalo por la vía del juego.

La letra H no está marcada porque no es necesaria. Las reglas de la suerte no necesitan estar sometidas a las de la ortografía; la Ph se expresa muy bien con la F, y la Ch con la X.

Se puede consultar simplemente la suerte de los dados para saber cuántos maridos o mujeres se tendrán, cuántos hijos y cuántas riquezas.

Los antiguos practicaban la astragalomancia con dados marcados con las letras del alfabeto y las que la casualidad daba formaban la respuesta. Por este medio se daban los Horóscopos de Hércules en Acaya, pues se colocaban las letras en una urna y un sacerdote las sacaba como se sacan los números de la lotería.

Axinomancia: Adivinación por medio del hacha de un leñador, por medio de la cual algunos adivinos predijeron en otro tiempo la ruina de Jerusalén, como se ve en el salmo 73. Francisco de Torreblanca, que hace esta observación, no nos dice cómo manejaban el hacha esos adivinos, por lo que sólo daremos a conocer los dos medios empleados abiertamente en la antigüedad y practicados aún en el día en algunos pueblos del norte:

1º Cuando se quiere descubrir un tesoro es necesario procurarse una agata redonda, caldear al fuego el hierro del hacha y colocando el corte muy perpendicular en el aire, se pone sobre él la agata. Si se sostiene no existe el tesoro, si cae y rueda con rapidez, se vuelve a colocar por tres veces, y si por todas las tres veces rueda hacia el mismo lugar es señal de que allí hay un tesoro, empero, si cada vez toma un camino diferente, ya se puede buscar en otra parte.

2º Cuando quiere descubrirse a unos ladrones se coloca el hacha en tierra poniendo debajo el hierro y el cabo del mango perpendicular en el aire. Báilese a su alrededor hasta que el mango se conmueve y el hacha cae, y entonces el cabo del mango indica la dirección que es necesario tomar para ir en busca de los ladrones. Algunos dicen que para esto es necesario que el hierro del hacha esté fijo en un botecito redondo: lo que es muy absurdo, como afirma Delancre, porque, ¿qué medio hay para fijar el hacha en un bote redondo sin rascar o romper ese bote?

Bagazo del Cafe (Arte de decir la buena ventura por el): Los preparativos para leer los sucesos futuros en el bagazo del café, son en extremo sencillos. Mantenga en la cafetera el bagazo que el café ha dejado; téngase cuidado de vaciar todo el café, de suerte que quede aquél bien espeso en el fondo y hágase reposar una hora al menos. El primer bagazo es también importante para la operación; ya sea viejo o fresco da siempre buenos resultados, mientras esté casi seco cuando se quiera emplear; entonces se toma la cafetera, sin agitarla nada o muy poco y vaciar un vaso de agua sobre el bagazo, si es una onza de café, y dos vasos si es de dos onzas.

Póngase en seguida la cafetera al fuego y se hace calentar el bagazo hasta que se disuelva en el agua. Se tendrá un plato blanco sin mancha alguna, bien enjuto, y secado, si el tiempo es húmedo; menéese luego el bagazo en la cafetera con una cuchara, y vacie en seguida en el plato, pero en poca cantidad de modo que no se llene sino solo la mitad. Agítese entonces el plato para todos lados, con tanta ligereza como sea posible, por espacio de un minuto, o menos, y viértase con cuidado todo lo que hay en él a otro jarro.

Por este medio, no queda agua en el plato, pero sí partículas del bagazo colocadas de mil maneras, y que forman una multitud de caracteres jeroglíficos. Si estos dibujos son muy confusos, por ser aquél demasiado espeso, y que el plato no parezca un mosaico irregular, póngase un poco más de agua, hágase calentar de nuevo, y se inicia otra vez la operación. Sólo se pueden leer los secretos del destino, cuando los dibujos del plato son claros y distintos, aunque muy apretados.

Los bordes por lo regular son muy espesos, y aún algunas veces hay en medio partes muy confusas, pero se puede adivinar, cuando el mayor trozo del plato es descifrable.

Léase en el bagazo del café todos los días de la semana, a todas horas, de día y de noche. Sólo es necesario consultar para esta operación la temperatura y el tiempo, el cual es contrario cuando está húmedo, lluvioso y cargado de nieblas

Hay sin embargo un medio de evitar los inconvenientes de la humedad, y es el secar el plato que se va a usar, y dejarlo un cuarto de hora cerca del fuego de modo que la mano sienta sobre él un calor suave. Después de esta preparación se opera, sea cual fuera el tiempo que haga, como si se gozase del sol de agosto.

Algunas sibilas pretenden que deben decirse ciertas palabras misteriosas, al vaciar el agua en la cafetera; al menear con la cuchara el bagazo delante del fuego, y al derramarle en el plato; pero esto es una supercheria. Las palabras no tienen aquí virtud alguna, pues es probado que no la tienen en ninguna adivinación. La operación se hace muy sencillamente, y si se añaden algunas palabras o signos, es sólo para dar a ella alguna solemnidad, y para contentar a la gente que quiere que se haga todo con ceremonia. Desde que se ha reconocido la inutilidad de las palabras misteriosas, no se dicen, y el resultado no es por eso menos feliz,

He aquí, ahora, cómo debe procederse. El bagazo del café, luego que se ha vaciado en el plato, deja en él varias figuras, todas significativas, las cuales es preciso separar bien, pues hay curvas, ondulaciones, círculos, óvalos, cuadrados, triángulos, etc.

Las figuras cuadradas, presagian algunos disgustos, en razón de su número. Los óvalos prometen éxito en los negocios cuando son muchos o distintamente señalados.

Líneas, grandes o pequeñas, cuando son salientes o multiplicadas, presagian una vejez dichosa; pero en corto número, la necesidad o escasez de fortuna.

Las ondulaciones, o líneas que serpentean, anuncian desgracias y dichas entremezcladas. Si éstas terminan dulcemente, prometen la felicidad después de algunos pesares. Una cruz en medio de los dibujos del plato significa una muerte feliz; cuatro cruces que casi se tocan, anuncian que la persona morirá entre los 40 y 45 años, si es una señora, y 48 y 52 si es un hombre. Tres cruces presagian alguna dicha. Si se hallan muchas, será creyente después del ímpetu de las pasiones, y se atormentará con pobrezas en su vejez.

Un triángulo promete un empleo honroso, y tres, a poca distancia uno del otro, son un signo dichoso de fortuna. Generalmente esta figura es un buen presagio; en corto número, significa algún honor; en mucho, dinero; siempre en relación.

Un ángulo compuesto de una línea corta apoyada sobre otra más larga, es indicio de una muerte desgraciada. Una figura que tenga la forma de una H, anuncia un encarcelamiento.

Un círculo de muchas caras, es decir compuesto de muchos ángulos planos y reunidos, presagia un matrimonio feliz, y un cuadrilongo, bien distinto, discordias en la casa. Si éste está rodeado de cruces, más o menos bien formadas, la mujer se manchará con alguna infidelidad, y cometerá la misma falta el marido si se hallan muchos ángulos alrededor del cuadrilongo.

Si se ve, en medio de los dibujos del plato, una línea de dos o tres pulgadas, menos cargada que el resto de figuras o del todo limpio, es un camino que anuncia un viaje. Será largo si la línea se extiende; fácil, si está limpia, peligroso si está cargado de puntos o pequeñas líneas; y si sale del fondo del plato, el viaje será a un país extranjero.

Un círculo en el que se hallan cuatro puntos bien marcados, promete un hijo. Dos círculos prometen dos, y así sucesivamente. Si el círculo es casi perfecto, el hijo será varón; y hembra si es imperfecto. Si uno de los círculos que encierran cuatro puntos va acompañado de una línea curva y ondulosa, es infalible presagio de que el hijo esperado tendrá talento, y si esta curva forma un segundo círculo alrededor del que ella se enrosca, se podrá esperar en el hijo un genio y talento muy originales.

Si se halla en el plato la figura de una casa al lado de un círculo se creé que poseerá una. Será en la ciudad si se ve una X o una H en su alrededor, y en el campo si hay cerca de este signo la forma de un árbol, de un arbusto o de una planta cualquiera. La casa será dada, o heredada, si es acompañada de algunos triángulos. Será uno dichoso en ella mucho tiempo, si está inmediata a medio círculo.

Se hallará tal vez una corona, y ésta anuncia acontecimientos en la corte. Si se descubren Rombos, será uno dichoso en amores. Si muchas figuras, más o menos redondas, enlazadas como los granos de un rosario, es preciso tener paciencia; vuestros amores serán reprimidos, y no debe esperarse el cumplimiento de los más caros anhelos, sino cuando se halle un triángulo al final de él.

Si encuentra varias veces la figura de muchos pecesillos, anuncian que el consultante será invitado a alguna comida.

El dibujo de un cuadrúpedo promete la miseria y el pesar.

El de una ave, la fortuna y un lance de felicidad. Si el pájaro parece preso en una red, indica un proceso dentro de poco tiempo.

La figura de una culebra o de cualquier otro reptil anuncia una traición o un complot, que no se evitará sino a fuerza de destreza. La forma de una rosa promete la salud; la de un sauce llorón, la melancolía, y la de un zarzal, retardos. Si hay un cofre se recibirá una carta. Una rueda es señal de un accidente que no será funesto. La figura de un coche aparejado, anuncia una muerte violenta. Un fusil presagia negocios enmarañados.

Una ventana o muchos círculos, cuadrados, óvalos y otras figuras juntas, de manera que formen una especie de celosía, advierten que será uno robado.

Si se descubre en los dibujos del plato un número muy distinto, se puede jugar a la lotería. La experiencia prueba que el número revelado de este modo ha salido siempre en una de las tres primeras loterías de la ciudad donde se halla o cerca de la que uno habita.

Pero es necesario examinar si el número es exactamente el marcado, y no tomar una figura insignificante por un signo que puede ser fuertemente señalado.

Si se ve siempre en los dibujos del plato alguna figura humana.

Si es una cabeza sobre un gran zagalejo, es evidente que representa una mujer; si es una cabeza y un cuerpo apoyado sobre piernas separadas, es un hombre.

Cuando se vea salir una línea, a manera de brazo, del cuerpo de la figura, es de esperar recibir algún favor de la persona señalada en el plato. Esta es morena si los dibujos que forman a su lado el bagazo son muy distintos; es blanca cuando las líneas son muy débilmente marcadas, y os engañará con falsas promesas, si no tiene más que un ojo.

Si se halla una cabeza o un cuerpo de un perro al lado de una figura humana, se tiene un amigo seguro y fiel que hará por Ud. grandes cosas. Si está al lado de un círculo de muchas caras, vuestro marido o vuestra mujer os guardarán la más inviolable fidelidad.

Si un joven hace la operación del bagazo del café y halla en los dibujos del plato una figura de mujer empuñando o pareciendo empuñar un bastón, sucumbirá a las seducciones de una cortesana, y se arrepentirá amargamente de su flaqueza. Igual suerte anunciará a una señora o señorita que haga la misma operación, si ve un hombre que tenga o parezca tener en sus manos un bastón o una espada, porque este hombre es un temible seductor.

Si se descubre una mujer y a su lado una flor cualquiera, es una amiga apreciable. Si la flor parece una rosa, es una amante de una joven, y si aparece un tulipán es una amiga de una dama cuya amistad no es muy segura, ni interesante.

Si se ve a un hombre montado a caballo o sobre un asno, o sobre cualquier otro cuadrúpedo, un hombre estimable hace por Ud. largos viajes y os prestará buenos servicios, cuando menos lo esperéis. Si es una mujer a caballo, o sobre cualquier animal de carga, una señora o señorita hará por Ud. muchas extravagancias.

Cuando se vean tres figuras de hombre, una al lado de otra, es de esperar algún honroso empleo, si son tres señoras, éste será lucrativo.

Si se distingue una corona de cruces, uno de vuestros parientes morirá en el mismo año; una de triángulos o de cuadros anuncia la muerte de una parienta también en aquel año. Un ramillete compuesto de cuatro o más flores, es el presagio más dichoso, y si descubres algún triángulo a su alrededor serás infaliblemente el más afortunado de los hombres, tanto en honores, bienes y contentos, como en amores y familia.

Tal es en resumen el cuadro inmenso de las extravagancias escritas y propaladas acerca de la adivinación por el bagazo del café. ¿Podrán creer nuestros lectores que esta superstición está muy arraigada todavía?... y sin embargo es así... y pasarán acaso siglos antes de que cese.

Belomancia: Adivinación por medio de las flechas. Los que recurrían a ella tomaban muchas flechas, sobre las que escribían contestaciones relativas a su proyecto, mezclando las favorables con las contrarias; en seguida se sacaban al azar, y la que salía era mirada como el órgano de la voluntad de los dioses a quienes se precisaba por todas partes a contestar mil veces al día sobre las más frívolas preguntas de los indiscretos mortales.

Principalmente antes de sus expediciones militares era cuando se hacía más uso de la belomancía. Los caldeos tenían mucha fe en esta adivinación. Los árabes, que adivinan por medio de tres flechas que encierran en un saco, en una escriben: Mandadme, señor; en la otra, Señor, guardadme, y en la tercera no escriben nada. La primera flecha que sale del saco determina la resolución sobre la cual se delibera.

Bolomancia: Especie de adivinación que se hacía echando flechitas en un saco, cada una de las cuales llevaba escrito el nombre de una de las ciudades que se quería atacar; se sacaba una a la suerte, y ésta decidía la expedición.

Brizomancia: Adivinación por la inspiración de Brizo, diosa del sueño, o sea, arte de adivinar las cosas futuras u ocultas por medio de los sueños naturales.

Cagliostro: José Balsamo, célebre aventurero del siglo XVII, conocido con el nombre de Alejandro, Conde de Cagliostro, nació, según se cree, en Palermo, el día 8 de junio de 1743, de obscuros padres, bien que algunos pensaban fuese hijo de un gran maestre de Malta y de la princesa de Trapisonda, otros afirman que era un vástago de la raza de los reyes franceses y descendiente en línea recta de Carlos Martell.

Desde sus más tiernos años dejó entrever un talento dedicado al charlatanismo y a la truhanería, y muy niño aún robó sesenta onzas de oro a un platero que se llamaba Marano, prometiendo entregarle un tesoro escondido en una gruta, bajo la custodia de los espíritus infernales. Cagliostro está colocado en el número de los favorecidos del infierno, no tanto por sus artimañas que le obligaron a abandonar la Italia, como por las milagrosas curas que obró en Estrasburgo. Después de haber viajado con un sabio alquimista, llamado Affhotas (al cual ha pintado como al hombre más docto), por Grecia, Egipto, Arabia, Persia, Rodas, Malta (donde murió este último), Inglaterra y Francia, etc., viviendo ya de sus composiciones químicas, componía la piedra filosofal, ya de truhanerías, o ya comerciando con los encantos de la bella Lorenza Feliciana, su esposa, volvió a Estrasburgo donde fue recibido con una especie de triunfo en el año 1780. Dícese que hacía muchos bienes y que sanaba los enfermos con una maravillosa destreza. Se le atribuyen innumerables curas, beneficios y milagros, que no pueden ser sino obra del diablo, como lo prueba juiciosamente el abate Friad.

Algunos le han mirado como un hombre extraordinario, un inspirado, un santo y un verdadero hacedor de milagros; otros como un vil charlatán, y otros, en fin, como un miembro viajador de la masonería templaria, siempre opulento por los socorros que recibía de las diversas logias de su orden; pero la mayor parte concuerdan en atribuir a un origen menos honroso al fausto que ostentaba.

Jactábase de hablar con los ángeles, y se cuenta que en un llano hacía oír voces que venían del cielo. Instituyó una especie de cábala egipciaca. Jóvenes y niñas, que él llamaba sus pupilas o palomas, se colocaban en el estado de la inocencia delante de una gran redoma de cristal, y allí, resguardadas con una especie de mampara, obtenían por la imposición de las manos del gran monje, la facultad de comunicarse con los espíritus y veían en esta botella cuanto querían. Los hechos de estas pupilas o palomas no se limitaban a esta ceremonia; Cagliostro las enseñaba a descubrir las cosas ocultas, el porvenir y las materias curiosas, muchas veces contrarias al pudor. "Hay aquí más que verosimilitud, añade el abate Friad; nada más verdadero que el principio de que donde trabaja el demonio deja huellas profundas de su lubricidad. Este es su rasgo característico, y lo dicho lo acredita. Es cierto también, se dice, que ha hecho aparecer a los grandes señores de París y Versalles dentro del cristal de un espejo, o debajo de globos de vidrio, espectros animados y movibles, como también personas muertas que se le ha pedido dejase ver.

Hallándose un día en compañía de muchos amigos, mostraron deseos de saber qué hacía en aquel momento una señora de la sociedad. Cagliostro trazó en el suelo un cuadro, pasó las manos por encima y vióse aparecer la figura de la señora, jugando con tres amigos. Envióse a uno para cerciorarse de ello, y la halló efectivamente en la misma actitud, en la misma ocupación, y con las mismas personas.

Se cuenta también como cosa verdadera que en algunos banquetes que han hecho gran ruido en París, evocaba los difuntos ilustres, como Sócrates, Platón, Corneille, D'Alembert, Voltaire, etc. En su carta al pueblo francés, escrita en Londres el 20 de junio de 1786, predijo que sería destruida la Bastilla y que el lugar donde estaba situada se convertiría en paseo, nueva prueba de que estaba en relación con los demonios, al menos con los de la revolución, como lo observa el reverendo abate Friad.

Cagliostro tenía estrecha amistad con un jugador de manos que se decía asistido de un espíritu, según se cree el alma de un judío cabalista. Decía altaneramente que cuantos prodigios obraba eran efecto de una especial protección de Dios para con él...; que el ser supremo, para infundirle valor, se había dignado ahondarle la visión beatifica, etc., y que venía a convertir los incrédulos y a propagar el catolicismo... He aquí pues, un santo, un misionero reciente, añade malignamente el abate Friad.

Vanagloriábase de haber asistido a las bodas de Caná; era por consiguiente contemporáneo de Jesucristo, a quien predijo que sería crucificado. "No ha querido creerme, añadía; ha seguido las orillas del mar, ha juntado pescadores, ha predicado... pues bien, caro le ha costado".

Dícese que Cagliostro había nacido antes del diluvio. Se cree también que fue bailarín de un teatro bajo el nombre de Belmonte; pero viendo que no podía salir de la mediocridad, tomó el de Cagliostro, coronel al servicio de Prusia; cuando pensó que este título podía acarrearle algún disgusto, se dio el de doctor, y de este modo recorrió Alemania.

En fin, en 1789 fue preso en Roma y condenado a muerte como miembro de la francmasonería. Su pena le fue conmutada en prisión perpetua donde murió en 1795. Es tan alta la opinión que se ha formado de él, que el abate Friad le declara miembro del imperio de las tinieblas y demonio en carne humana, mientras que sus prosélitos lo miraban como enviado del cielo. Ha escrito, según se dice, la relación de algunas operaciones pretendidas mágicas, y la de una transmutación de metales viles en oro, impresas en Varsovia en 1780.

Tiénese también por suya una obrita que enseña a las viejas a hallar los números de la lotería en sus sueños. Se venden todos los años en París un gran número de ejemplares de este cuaderno cuyo título es: *El verdadero Cagliostro o reloj de los accionistas de la lotería,* aumentado con nuevas cábalas hechas por el mismo Cagliostro, etc., en 8, con el retrato del autor, al pie del cual se leen estas palabras: *Para saber quién es, es preciso ser él mismo.*

Caomancia: Arte de predecir las cosas futuras por medio de las observaciones que se hacen sobre el aire.

Esta adivinación es empleada por algunos alquimistas que nos han confiado el secreto.

Capumancia: Adivinación por medio del humo. Los antiguos hacían uso de ella muy frecuentemente: quemaban verbena y otras hierbas sagradas, y observaban el humo de este fuego, las figuras y la dirección que tomaba, para sacar de ello presagios. Distinguíanse dos especies de capomancia; una se practicaba echando algunos granos de jazmín o de adormidera y observando el humo que de ellos salía; la otra, que era la más usada, se hacía del modo que hemos indicado, y consistía también en examinar el humo de los sacrificios. Cuando era ligero y poco denso se tenía por un buen agüero. Respiraban este humo y creían haber recibido inspiraciones.

Cartomancia: Adivinación por medio de los naipes.

Se usa para la cartomancia un juego de 32 naipes. Las copas y los bastos son por lo regular buenos y dichosos; los oros y las espadas de ordinario malos y desgraciados. Las figuras de copas y de oros indican personas blancas y rubias; las de espadas y bastos, morenas y de color castaño oscuro. He aquí lo que significa cada naipe.

Las ocho copas: El rey es un hombre que desea hacernos algún bien; si está puesto al revés, será detenido en sus buenas intenciones. La sota es una mujer de la que puede esperar uno algunos favores; si está al revés, es presagio de un retardo en vuestras esperanzas. El caballo es un militar que desea entrar en vuestra familia y quiere ser útil; algo se lo impedirá si está al contrario. El as anuncia una noticia agradable; representa un festín o una comida si se halla rodeado de figuras. El nueve predice una sorpresa que causará gran placer, el ocho, una reconciliación, y aprieta los nudos de la amistad y de amor entre dos personas a las que se quiere separar. El siete es el presagio de muchas satisfacciones para los hijos; predice aventuras a los solteros. El seis indica un buen casamiento.

Los ocho oros: El rey significa un hombre que busca medios de dañarnos y que nos dañará si aquél está hacia abajo. El caballo es un militar o un mensajero que trae nuevas noticias y enojosas si está al revés; la sota indica una mujer ruin que habla mal de vos; si está puesta al contrario os hará algún agravio; el as anuncia un billete; el nueve, un viaje necesario e imprevisto; el ocho es un retardo para cobrar dinero; el siete predice acciones que sorprenderán a un joven; el seis promete ganancias en la lotería; si se halla junto al as de oros, buenas noticias.

Las ocho espadas: El rey representa un juez o un hombre con el cual se tendrán desaveniencias; puesto al revés advierte la pérdida de un proceso. El caballo es un joven que os dará muchos pesares, y al contrario anuncia una traición. La sota señala una viuda que quiere engañar, y que os engañara seguramente, si aquella está boca abajo. El as anuncia una grande aflicción; el nueve, encarcelamiento; el ocho, retardo en los negocios; el siete, desagradables noticias; seguido del siete de oros predice llanto y discordias; el seis presagia quejas y tormentos a no ser que esté acompañado de algunas copas.

Los ocho bastos: El rey indica un hombre justo que os hará señalados favores; si está boca abajo sus buenos deseos experimentarán alguna demora. El caballo promete un matrimonio, que no se verificará sin algunas dificultades si está puesto al revés. La sota es una niña que os ama; celosa, si la carta está al contrario. El as presagia ganancias, provecho y recibo de dinero; el nueve, buen éxito en los negocios; seguido del nueve de oros anuncia un retraso en el recibo de dinero, y una pérdida si se halla al lado del nueve de espadas. El ocho reanima el amor; el siete indica muchas y bien fundadas esperanzas y el seis, debilidad en el amor, y si va seguido del nueve, herencia.

Cuatro reyes seguidos anuncian honores; tres, buen éxito en el comercio, y dos, buenos consejos.

Cuatro caballos seguidos, una enfermedad contagiosa; tres, pereza; dos, disputa.

Cuatro sotas predicen grandes rencillas; tres, engaños de mujer; y dos, amistad.

Cuatro ases presagian una muerte; tres, libertinaje; dos, enemistad.

Cuatro nueves seguidos indican desagradables sucesos; tres, cambio de estado; dos, pérdidas.

Cuatro ochos, buenas acciones; tres, imprudencia; dos, dinero.

Cuatro sietes, reveses; tres, casamiento; dos, disgustos.

Cuatro seis, intrigas; tres, diversiones; y dos, aventuras y noticias insignificantes.

Muchos modos hay de adivinar: generalmente es por siete, por tres o por 15.

Para hacerlo por siete, se cuenta la baraja de siete en siete, poniendo aparte la séptima de cada serie. Repitiendo tres veces esta operación, se reúnen 12 cartas, por el mismo orden con que se han sacado, y se busca enseguida su significado según el valor de cada una, tal como se ha explicado. Es preciso no olvidarse, antes de descifrar las cartas, de ver si la persona a quien se hacen ha salido de la baraja. Generalmente se toma al rey de copas por un hombre rubio casado, el de bastos por un hombre moreno casado, la sota de copas por una señora o señorita rubia, la de bastos por una señora o señorita morena, el caballo de copas por el joven blanco, el de bastos por uno moreno. Si la carta que representa la persona para quien se adivina no se halla en las 12, se empieza de nuevo la operación hasta que sale.

De suerte que, supóngase que se ha de adivinar para una señorita morena: la sota de bastos la representará. Barájanse los naipes, se sacan de siete en siete, y cuando se ha completado el número doce, se mira cuáles son: 1º, sota de copas; 2º, siete de bastos; 3º, sota de oros; 4º, rey de copas; 5º, sota de espadas, boca abajo; 6º, as de bastos; 7º, nueve de espadas; 8º, sota de bastos; 9º, seis de copas, 10º, as de espadas; 11º, caballo de bastos, boca abajo; 12º, siete de copas.

Se explican de este modo: (1º) Una mujer blanca desea dispensar algunos favores (2º) realizando vuestras más caras esperanzas (3º), pero se lo impide una mujer ruin, también blanca, que habla mal de vos y quiere dañaros; sin embargo no lo hará: esperad (4º). Tenéis aún un amigo bienhechor, que os quiere bien (5º); pero que dejará de amaros si no tenéis sumo cuidado con él, porque hay a su lado una mujer que le engaña sobre vos, y que os engaña también (6º). Recibiréis dinero (7º), pero algo tarde, porque uno que debía dároslo será encarcelado o preso por la justicia (8º). Vos (9º) seréis bien casada (10º); pero antes tendréis una grande aflicción (11º) porque el joven que ha de ser vuestro esposo, experimentará retardos y obstáculos (12º); no obstante, la última carta os promete dicha, fortuna y satisfacciones para vos y para vuestros padres.

Hecho esto, se mezclan las 12 cartas, y se dividen en cuatro montones de tres cada uno; de este modo: Para la persona, tres cartas; para su casa, otras tres; por lo que sucederá, otras tres, y otras tantas para su sorpresa. Levántense las tres cartas de la persona; se hallan: 1º, la sota de espadas boca abajo; 2º, as de bastos; 3º, rey de copas, y se dice: (1º) La mujer morena busca siempre cómo agraviaros (2º), pero no por esto seréis menos feliz, y un asunto de dinero (3º) os pondrá de nuevo en buena relación con el joven blanco que os ama, y que al fin cesará de dejarse engañar por la mujer perversa.

Se toman en seguida las tres cartas de la casa, que son, por ejemplo: 1º, el siete de copas; 2º, el siete de bastos, y 3º, sota de oros, y se continúa: (1º) Concordia en vuestra casa (2º); vuestras esperanzas son muy fundadas y se realizarán (3º), aunque una malvada mujer blanca murmura de vos, y desea frustrar vuestros proyectos.

Se levantan luego las tres cartas que deben mostrar lo que ha de suceder: 1º, seis de copas; 2º, caballo de bastos boca abajo: 3º, sota de copas, y se dice: (1º) Vuestro matrimonio y vuestra felicidad están asegurados (2º) con el joven moreno cuyas dificultades vencerá la mujer blanca que os quiere bien.

Se toman, en fin, las tres cartas de la sorpresa, donde se hallan: 1º, nueve de espadas; 2º, as de espadas; 3º, sota de bastos, y entonces se dice: (1º) Alguno que os interesa experimentará pesares por la justicia (2º); esta noticia os afligirá (3º); pero os consolaréis, y vos misma pondréis término a vuestra pena.

Para adivinar por 15, se mezclan y se sacan de la baraja dos montones de 16. Pregúntese a la persona cuál de los dos elige; cuando lo ha dicho, se toma en la mano el montón indicado, y se quita la primera carta, que se pone aparte para la sorpresa, de modo que se encuentran cuatro cartas para la persona, cuatro para la casa, cuatro para lo que sucederá y cuatro, en fin, para la sorpresa. Déjese a la persona la libertad de escoger de los tres primeros montones, tanto el que quiere para sí como para su casa; quedando sólo el tercero no se escoge ya más, pues el de la sorpresa es inmutable, y entonces se explica según el significado de las cartas.

El método italiano consiste en adivinar por tres; para esto se toma una baraja también de 32 naipes y se hace alzar con la mano izquierda de la persona, para la cual se trabaja; después de esto se sacan los naipes de tres en tres teniendo cuidado de poner aparte todos los montoncitos que se hallan de la misma especie. Por ejemplo, si se hallan tres bastos se guardan para la operación; si en un mismo montón hay dos naipes del mismo palo, como dos bastos, dos oros, etc., se pone aparte la mas alta, o según otras la que está más cerca del pulgar.

Después de haber seguido de este modo toda la baraja mézclense las cartas que quedan, y se empieza hasta tres veces las mismas operaciones. Se cuentan luego las cartas puestas aparte, que han de ser precisamente al menos trece o diecinueve a lo más; si el número es par, se abre el juego y se hace sacar de él una carta por la persona para quien se trabaja, a fin de hacerlo impar; entonces se descifra por el siguiente orden, y según el valor de las cartas que más adelante explicaremos. Empiécese por la que representa la persona; se mira lo que la rodea, y de aquí se sigue contando hacia la derecha, uno, dos, tres, cuatro, cinco, parándose a cada cinco cartas; de este modo se da la vuelta a todas ellas, al menos tres veces, y a lo más tantas como será preciso para acabar junto a la carta que representa la persona.

Barajándose luego las cartas con las cuales se trabaja, se ponen sobre la mesa, una para la persona, otra para la casa, otra para la sorpresa y otra, en fin, para el consuelo; distribúyase el resto de las cartas sobre los cinco primeros montones, empezando por el primero, luego se levantan, y se acaba la operación explicándolas. La carta del consuelo que se deja sola, se levanta al último.

He aquí el valor de las cartas según el método italiano:

Si se hallan en el juego muchas figuras, es señal de reuniones y festines; cuatro reyes indican grandes y favorables sucesos; tres, buenos consejos; dos, amistad. Cuatro caballos, reuniones de jóvenes; tres, disputas; dos, malas compañías. Cuatro sotas, reuniones y habladurías de mujeres; tres, chismes y maldades de mujeres; dos, rencillas. Cuatro ases, buen éxito; si son seguidos, muerte imprevista; tres, noticias; dos, esperanzas.

Las ocho copas: El rey es un amigo blanco; el caballo, un joven que no desea sino haceros bien; la sota, una buena mujer blanca; el as anuncia un festín, alegría o algún presente; el nueve representa la casa por la que se trabaja; el ocho, una agradable sorpresa; el siete, celos de hombres; el seis, celos de mujeres.

Los ocho oros: El rey indica un hombre ruin, blanco; el caballo, un militar, blanco también, y que no es de los mejores, ni de los que más quieren; la sota, una perversa e indigna mujer blanca; el as, un billete; el nueve, cosas de comercio, un mercado; el ocho, realización de un proyecto; el siete, dinero; el seis, también dinero, pero en poca cantidad.

Las ocho espadas: El rey representa un hombre moreno y de malas intenciones; el caballo, un hombre moreno también y afligido; la sota una viuda triste y desazonada; el as, disgustos, o lo que se llama en amor bagatelas; el nueve, oscuridad, secreto, nocturnos acontecimientos; el ocho, dilación; el siete, llantos; el seis, inquietud

Los ocho bastos: El rey representa un hombre moreno, buen amigo; el caballo es un amante; la sota, una señora morena, interesada amiga; el as indica victoria; el nueve, una partida al campo, o un paseo; el ocho, un viaje; el siete, acciones varias de un amigo; el seis, un corto presente.

Para obtener lo que se llama buen éxito, se toman ocho montones de cuatro cartas cada uno; se vuelve la primera carta de cada uno, tómense las cartas semejantes, es decir, dos nueves, dos reyes, dos ases, etc., descubriendo siempre la segunda carta del montón del cual se levanta la primera. Para que sea seguro el éxito, es preciso sacar de este modo todas las cartas de dos en dos, hasta las dos últimas. Se hace esta operación para saber si un deseo del corazón o un negocio de interés tendrán feliz resultado.

Cuanto hasta aquí se ha dicho de la cartonomancia, es generalmente extraído de Efeilla o de los libros publicados con su nombre. He aquí otro tratado que ofrece otras variaciones de las que se puede sacar provecho a lo menos para pasar una velada divertida. *Oráculo perfecto* o nuevo modo de adivinar por medio de los naipes, de manera que cada cual pueda sacar su horóscopo. París, 1802. Este librito, que consta de 92 páginas, fue dedicado al bello sexo, por Alberto de Alby. El editor es M. Desalembert, que hace notar que el *Oráculo perfecto* debió publicarse en 1688, que lo prohibió la censura y que no ha podido complacerse al público hasta el año 1802. Su método es muy complicado y no merece tal vez tanta confianza como la que inspira el anterior. Sin embargo, se hallan en él algunas curiosidades, principalmente en el valor de las cartas que vamos a explicar. El autor dice que se han de emplear veinte cartas colocadas de cinco en cinco, de este modo: una en medio, una arriba, otra abajo y una a cada lado, quedando de este modo en forma de cruz. En seguida se pasa a descifrar según los principios siguientes:

Se deben considerar las espadas como cartas del mal agüero; el rey y la sota, como a enemigo; y si tienen al lado, arriba o abajo el siete de oros, es señal que llevan intención de dañar a la persona o que la dañarán. El caballo es un peligroso enemigo, sobre todo si está cerca del nueve de su palo, o del siete de oros. El as de espadas significa tener deseo o no poder gozar de los sensuales placeres del amor, o bien que la persona que consulta ha gozado o gozará de ellos; por ejemplo, supongamos la sota de copas con el as de espadas. Entonces, el as de espadas encima de una figura, indica que se gozará; debajo, que se ha gozado; a la derecha, que se tiene deseo de gozar, y a la izquierda, que no se puede gozar actualmente. A una sota, que tenga cerca de ella el ocho y el as de espadas que es signo de preñez, es preciso considerar si el as se halla arriba, porque entonces la señora está preñada; si está colocada a la derecha, anuncia que tiene deseos de estarlo; si está debajo es señal de que lo ha estado, y si está a la izquierda es indicio de que no puede estarlo en la actualidad pero que procurará estarlo. Es necesario, pues, para descifrar bien lo que acabamos de decir, observar atentamente la posición del as de espadas cerca de la sota. El nueve de espadas significa luto, y cuando está delante del ocho o cerca del seis, indica disgustos y pesares para la *persona,* si no tiene inmediato a él alguna figura; si una le toca de cabeza, es decir que esté puesta arriba o abajo una figura de bastos o copas, aunque haya a su lado una de oros o de espadas, anuncia penas que se cambiarán en placeres; significa separación si se halla colocado entre dos figuras contrapuestas una a la otra. El ocho de espadas indica muerte; el siete disputas, cuando se halla con dos figuras iguales que se miren, y un proceso cuando están al contrario una de otra. Si el siete y el as de espadas están junto a una sota, significa que la señora representada por ésta no está encinta pero que puede estarlo; si cerca de él hay el nueve de copas, significa un feliz parto, si se hace la operación para una joven. El seis es presagio de una enfermedad; si tiene inmediato el siete, en cualquier parte que sea, significa para la *persona* enfermedad, causada por el amor.

El rey, el caballo y la sota de oros se deben tener por celosos, aduladores e ingratos; si se halla junto a ellos el seis, dañarán a la persona, obteniendo con violencia honores y bienes; si el seis de oros está cerca de las figuras de copas o bastos, y aunque tenga también junto a él las de oros o espadas, es señal de penas que se trocaran en placer. El as de oros significa un billete recibido, o por recibir; las cuatro cartas que le rodean anunciarán su objeto considerándolas todas como las causas momentáneas que han motivado, o que darán motivo, al envío del expresado billete. El nueve de oros indica el mar o un viaje por él; en este caso, el viaje será feliz si a la carta sigue el ocho de copas, penoso si es el nueve de espadas, afortunado si es el nueve o el ocho de bastos; significa enfermedad durante él si la sigue el seis de espadas, y será mortal si es el ocho. El ocho de oros presagia una noticia: las cartas que tenga a su alrededor indicarán su objeto. El siete predice un viaje por tierra; para saber su éxito se sigue la misma regla que para el nueve de este palo. El seis predice malos resultados para una cosa prometida o que se espera obtener, si se halla al mismo tiempo con el as de copas, y si está éste cerca de la carta que forma el número trece, significa enojo de los padres contra una *persona;* cuando está al lado de ella indica borrachera si está al mismo tiempo al lado del siete de copas y de una figura; significa instrumento destructor cuando tiene cerca de él una figura del palo de espadas; una joven aduladora, espía y recelosa de la *persona,* cuando está unida a las figuras de oros; si se halla entre la carta que representa la *persona* y una figura, estando las tres cartas de frente o en línea perpendicular, indica riña o discusión.

El rey, el caballo y la sota de copas pueden considerarse como sujetos bienhechores. El as significa la casa de la persona que consulta; las cuatro cartas que están a su alrededor anuncian a ésta el bien o el mal que le puede suceder: por consiguiente, es preciso no olvidarse de observar el porvenir de esta casa cada vez que se hagan las cartas. El nueve de copas indica nacimiento; el ocho, victoria para las figuras de su lado; el siete, satisfacciones y gozo; cuando se halla cerca de una figura, o entre dos de ellas, alegría y buena amistad; si entre cuatro figuras, bodas, baile o festín; el seis debe considerarse como a una joven bienhechora y de sincera amistad.

Se deben tener al rey, al caballo y a la sota de bastos como amigos desinteresados y prontos a tributar cualquier servicio; y en general son todos los bastos objetos que anuncian la prosperidad. El caballo, que es para los hombres un buen amigo y un sincero amante para las jóvenes, predice a una señora un matrimonio feliz. El as significa dinero que recibirá la persona, si no tiene a su lado ninguna espada; si tan sólo tiene una, indica sucesión, y muchas, son otras tantas sucesiones que sobrevendrán a la persona. Cuando el as tiene a su lado el siete de oros significa herencia; si tiene una espada o el nueve de oros, al mismo tiempo, expresa que la dicha sucesión viene de lejanos países.

Si este as está tocado por una espada y por el siete de bastos a la vez, significa que la sucesión vendrá prontamente y sin dificultad alguna; el nueve de bastos indica mucho dinero que recibir. El ocho significa un regalo recibido o por recibir, y si está inmediato a las figuras de oros, rivalidad de damas por los hombres, y de amantes por las jóvenes. Si el mismo ocho tiene a su lado alguna figura de espadas predice rivalidad en los empleos. El siete pronostica quehaceres a una persona que vive de su trabajo o de su industria cuando está tocado por una copa; si el que consulta es persona rica, predice un bien que no espera. Si esta carta no tiene inmediatamente a un lado ninguna copa indica dinero que recibir o que acaba de ser recibido; su colocación decidirá el éxito. El seis de bastos significa una joven de sincera amistad y bienhechora.

Repetimos que la disposición de las cartas por cinco es muy importante. La que está encima señala lo que debe suceder muy pronto; la de la derecha lo que acontecerá en un tiempo más remoto; la de abajo indica lo pasado, y la de la izquierda que lo que ella misma demuestra experimentará algunos obstáculos.

Algo nos falta aún qué decir sobre la cartomancia. No hemos querido ignorar nada de esta ciencia sublime; si hemos de dar crédito a las señoras que consultan su suerte y que acaso dudan de Dios. Sin embargo, rogámosles que observen que este gran medio de descorrer el velo que nos oculta el porvenir, ha salido no pocas veces fallido. Una de las más famosas cartománticas hizo un día la operación para una joven recién casada; le predijo, según los infalibles pronósticos de su arte, que viviría largo tiempo con su querida mitad; que tendría de ella tres hijas, y que el hijo que acababa de dar a luz hacía poco tiempo, sería el consuelo de sus ancianos días, etc. Desgraciadamente para la cartomancia, la joven esposa murió sin dejar ninguna hija, y el hijo no sobrevivió a su madre más que tres meses. Un estudiante de medicina, a quien no apuntaba aún el bello en la barba, se disfrazó de mujer y se hizo explicar su porvenir por medio de los naipes. Prometiéndole un amante rico y bien formado, tres muchachos, una niña y partos penosos, pero sin peligro. Una señora que empezaba ya a dudar de la cartomancia preguntó un día si estaba en ayunas. Esto era a la verdad tentar al diablo, pues tenía aún delante de ella los platos vacíos sobre la mesa, y el estómago lleno; sin embargo, las cartas le demostraron que estaba en ayunas.

Catropomancia: Adivinación por medio de un espejo. Se hallan aún en algunas aldeas sujetos que emplean esta adivinación, antiguamente muy generalizada. Cuando uno ha tenido alguna pérdida, ha sufrido un robo, o recibido algunos golpes y quiere saber el autor, va en busca del brujo o adivino, quien introduce al consultante en un gabinete obscuro, y débilmente alumbrado por algunas velas. No se puede entrar en él sino con los ojos vendados. Entonces el adivino hace sus evocaciones, y el diablo descubre en un grande espejo lo presente, lo pasado y el futuro. A pesar de la venda, los crédulos aldeanos, en tales ocasiones, tienen la cabeza tan exaltada, que no dejan de ver siempre alguna figura.

Se servían en otro tiempo para esta adivinación de un espejo que ponían, no delante, sino detrás de la cabeza de un niño a quien habían vendado los ojos.

Pausanias habla en otros términos de la Catropomancia. "Había en Patras, dice, delante del templo de Ceres, una fuente separada de él por una muralla; en ella se consultaba un oráculo, no para todos los sucesos, sino sólo para las enfermedades. El enfermo bajaba a la fuente un espejo suspendido de un hilo, de modo que no tocase la superficie del agua sino por su base. Después de haber rogado a la diosa y quemándole perfumes, mirábase en este espejo, y según se hallaba el rostro pálido y desfigurado o colorado y rollizo, sabía positivamente si la enfermedad era mortal, o si sanaría de ella." Bastaba que este oráculo hubiese acertado una vez para merecer un gran crédito.

Ceromancia o Ciromancia: Adivinación por medio de la cera que derretían, y hacían caer de gota en gota en un vaso de agua, para sacar, según las figuras que formaban estas gotas, presagios dichosos o aciagos.

Los turcos procuraban descubrir los crímenes y robos por este medio; hacían derretir a fuego lento un pedazo de cera murmurando algunas palabras; lo quitaban después de sobre el brasero y hallaban las figuras que indicaban el ladrón, su casa y su guarida. En la Alsacia, en el siglo XV, y tal vez aún hoy día, cuando hay un enfermo y las buenas mujeres quieren averiguar qué santo le ha enviado la enfermedad, toman tantos cirios de igual peso como santos sospechan, los encienden, y aquel cuyo cirio se ha consumido primero pasa en su pensamiento por el autor del mal.

Cleromancia: Arte de decir la buena ventura echando suertes, es decir con dados, con huesecillos, con habas blancas y negras. Se agitaban antiguamente en un vaso, y después de haber rogado a los dioses, se echaban sobre una mesa y se predecía el porvenir, según la posición de los objetos. Había en Bura, ciudad de la Acaya, un oráculo de Hércules que se interpretaba sobre un tablero, de cuatro dados.

El peregrino después de haber orado, los arrojaba, el sacerdote observaba los puntos, y de ellos sacaba la conjetura de lo que debía suceder. Era preciso que los dados fuesen hechos de huesos de animales sacrificados.

Más comúnmente escribían sobre huesecillos o sobre pequeñas tablillas que metían en una urna: en seguida hacían sacar uno por el primer muchacho que hallaban, y si la inscripción que salía en la suerte tenía alguna conexión con lo que se quería saber, era una profecía cierta. Esta adivinación era común entre los egipcios y romanos, frecuentemente se hallaban cleromántícos por las calles y plazas, como en nuestras fiestas se hallan cartománticos.

Cosquinomancia: Especie de adivinación que se hace por medio de una criba, de un cedazo o de un tamiz. Se ponía la criba sobre unas tenazas, que se cogían con dos dedos, enseguida se nombraban las personas sospechosas de hurto u otro crimen oculto, y se juzgaba culpable aquella cuyo nombre la criba temblaba, o daba vueltas; como si el que tenía las tenazas no la pudiese hacer mover a su voluntad.

En lugar de una criba, se pone (pues estas adivinaciones se practican aún) un tamiz sobre un palo, para conocer el autor de un robo; nombrándose del mismo modo las personas sospechosas y el tamiz rueda al nombre del ladrón. Esto es lo que la gente del campo llaman rodar el cedazo, y esta superstición es sobre todo muy esparcida en Bretaña.

Cristobalomancia o Cristomancia: Adivinación que se practicaba por medio de las carnes y tortillas. Se consideraba la parte de la carne que se ofrecían en sacrificio y la harina y cebada que esparcían sobre las victimas para de ellas sacar presagios.

Cromniomancia: Adivinación por medio de las cebollas. Los que la practicaban ponían la noche de Navidad alguna cebollas sobre un altar, y escribían encima el nombre de las personas de quienes querían saber noticias. La cebolla que brotaba primero anunciaba que el sujeto cuyo nombre llevaba, gozaba de perfecta salud.

Cubomancia: Adivinación por medio de los dados. Augusto y Tiberio tenían gran confianza en este modo de consultar la suerte, y los griegos le usaban también. Es a corta diferencia lo mismo que la astrogalomancia.

Dactilomancia: Adivinación que se practicaba por medio de sortijas o anillos fabricados bajo ciertas constelaciones y en los cuales había labrados hechizos y caracteres mágicos. Dícese que con uno de estos Dijes se hacía invisible, volteando hacia dentro de la mano el engaste de la piedra. Por este medio corrompió y sobornó a la reina, hizo morir al rey vendándolo y se apoderó del trono de Lidia; esto al menos lo dice Herodoto.

Clemente de Alejandría habla también de dos anillos que poseían los tiranos de la Fócida, que les advertían, con un particular sonido, el tiempo propicio para ciertos negocios, pero no les impidió esto el que cayesen en manos del demonio, quien les tendió un lazo con sus artificios.

Amiano Marcelino, hablando del sucesor de Valente, cuyo nombre se quería saber, dice que se practicó para este efecto la dactilomancia, pero en diferente modo; consistía éste en tener colgado de un anillo debajo del cual había una mesa redonda con las veintisiete letras del alfabeto; el anillo, dando un salto, debía transportarse, sobre algunas de ellas, en las cuales se detenía. Juntadas luego estas letras, componían la respuesta que se pedía; la suerte hizo que entonces saliesen estas: T, H, E, O, D, con las cuales empieza el nombre de Theodosio; sucesor de Valente. Antes de la operación, el anillo era consagrado, y el que lo tenía estaba vestido de tela blanca, tenía cortados los cabellos en forma de corona, y llevaba en la mano un pedazo de verbena.

Dafnomancia: Adivinación por medio del laurel. Se arrojaba al fuego una rama de este árbol; si al quemarse chisporroteaba, era un presagio dichoso, pero si ardía sin hacer ruido alguno, el pronóstico era de los más malos.

Demonomancia: Manía de los que creen en todo lo que se cuenta más disparatado de los demonios y de los brujos, como Bodín, Leloyer, Delancre, etc. La famosa obra de Bodín lleva el título de *Demonomanía de los brujos;* pero aquí esta palabra significa *diablura.*

Engelbrecht (Juan): Famoso visionario alemán muerto en 1642; era tan melancólico su carácter, que algunas veces intentó quitarse la vida. Una noche a eso de las 12 Hrs., le pareció que su cuerpo era transportado por los aires con la rapidez de una flecha. Después de un viaje tan corto llegó a las puertas del infierno, en cuyo lugar reinaba una oscuridad espantosa, y de donde se exhalaba un pestífero olor, con el cual nada hay en la Tierra que se pueda comparar. Oyó los gritos y los gemidos de los condenados; una legión de diablos quiso precipitarle en el abismo; desembarazose de sus garras, se puso a orar, y todo este horrible espectáculo se desvaneció. El Espíritu Santo se le apareció entonces bajo la forma de un hombre blanco y le condujo al paraíso.

Cuando Engelbrecht hubo gozado de todas las delicias de la mansión divina, un ángel le mandó de parte de Dios que volviese a la Tierra para contar a los hombres todo cuanto había visto y oído, con el encargo de exhortarles a la penitencia. Entonces Engelbrecht volvió a la vida, y contó toda su visión. En una de sus obras dice que todos los que escucharon su narración sintieron el pestífero hedor del infierno, y que aun él mismo al salir de la cama estaba infestado de él; pero que nadie sino él sintió los suaves y fragantes perfumes de la morada de los bienaventurados. Sostuvo entonces que había muerto y resucitado, y fundó sobre estos prodigios la verdad de su visión.

Tuvo aún muchas otras visiones; oyó por el espacio de 40 días una música celeste tan armoniosa, que no pudo menos de unir a ella su voz. Los eclesiásticos creyeron ver en él algo de sobrenatural al oír sus sermones; pero habiendo argumentado contra su avaricia y orgullo, declararon que todo era obra del demonio. Se hizo más osado aún, y recorriendo la Baja Sajonia predicaba según decía, porque le había sido ordenado por Dios. Un día que refería sus éxtasis, dijo que había visto a las almas de los bienaventurados revolotear a su alrededor en forma de chispas de un gran fuego, y queriéndose mezclar en sus danzas, había cogido el Sol con una mano, y la Luna con la otra, y se había puesto a bailar con ellas. Todas estas necedades y absurdos, no le impidieron sin embargo el tener muchos prosélitos. Se han conservado de él obras: 1º *Verdadera visita e historia del cielo,* Amsterdam, 1690, este libro es la relación de su visita al infierno y al paraíso. 2º *Mandato y orden divino y celeste dado por la cancillería del cielo,* Brema en 1625, este escrito falta en la colección titulada: *Obras, Visiones y revelaciones de Juan Engelbrecht,* Amsterdam 1680, traducido en inglés (1881,2 tom. eng.) por Fr. Okely, que ha añadido una noticia sobre la vida y escritos del autor. Ha sido también esta colección traducida en holandés y en francés, Amsterdam, 1797.

Esciamancia: Adivinación que consiste en evocar las sombras de los muertos para saber de ellos las cosas futuras. Se diferenciaba de la nigromancia y de la psicomancia, en que no era el alma ni el cuerpo del muerto quienes aparecían, sino sólo su imagen.

Esternomancia: Adivinación por el vientre. Se sabían las cosas futuras cuando se obligaba a un demonio o a un espíritu a hablar en el vientre del cuerpo de un poseído.

Estolisomancia: Adivinación que se sacaba por el modo de vestirse. Augusto se persuadió que le había sido presagiada una sedición militar la mañana antes de suceder, porque su criado le había atado su sandalia izquierda de otro modo de como se debía atar.

Fin del Mundo: El abate Fiard publicó a principios de este siglo una obra titulada: *La Francia engañada por los magicos y demonólatras del siglo XVIII.* Cita el apocalipsis, 16, 14, y los padres de la iglesia que nos enseñan expresamente que a fines del sexto militar tendrá fin el mundo. "La generación presente llega al siglo 7000, dijo; los siglos que van pasando ahora deben, pues, por consecuencia ser también la época de la existencia del *hacedor de milagros anunciado,* de los precursores del Anticristo, de quienes él mismo, según San Pablo, será el mayor mágico (11 a los

Thes., II, v. 7). El hacha está junto al árbol, la vara está levantada sobre las naciones, las virtudes de los cielos se conmueven (Luc., Cap. 21,v. 22, 25, 26). El Señor tiene el abanico en la mano; purifica el aire; separa el grano bueno de la paja; el día de la venganza no está lejos (Luc., Cap. V, 9, 17); bueno porque la Francia está llena de mágicos. Otro profeta, el señor conde de Saillmard Monford, en el año 1826 hizo imprimir un tomito 1º que lleva este título: *De la divinidad, del hombre, de las diferentes religiones, ideas sobre el próximo, y en general fin del mundo.* Esta obra contiene un gran capítulo que es el primero sobre nuestro cierto fin. Ved ahí un compendio de este capítulo que nos interesa a todos.

El mundo se hace viejo y pronto será tiempo que acabe; así, pues, no creo que esté muy lejana la época de tan terrible acontecimiento... Jacob, jefe de la antigua Iglesia, fue evidentemente la representación de Jesucristo jefe de los doce apóstoles y, por consiguiente, jefe de la nueva iglesia. Jacob nació en el año 2688 del mundo esto es, 1836 años antes de Jesucristo. El mundo al nacer Jesucristo tenía 4004; la iglesia antigua, figura de la nueva, duró, pues, 1836 años. El momento siguiente en que escribo estamos en el año 1826; por consiguiente, ya que según la palabra de Dios la nueva Iglesia debe durar hasta el fin de los siglos, si la antigua ha sido verdaderamente (como no es de dudar) el tipo de la nueva, resulta claramente que el mundo sólo tiene unos 10 años de existencia, puesto que uniendo estos 10 años a los 1826 que se han pasado desde Jesucristo hasta este momento, ésto nos da precisamente los 1836 años que pasaron desde Jacob a Jesús.

"Dios creó el mundo en seis días y descansó el séptimo, según dice la escritura. Ciertamente su obra del sexto día no se terminaría precisamente a la última hora del día, sino que a lo más sería al declinar éste, por lo que ve ahí otro modo figurado de razonar. Los cinco días y la parte del sexto que fueron consagrados a la obra grande figuraron los 5836 años que debe durar el mundo. Y no se crea, repito, que porque se dice que Dios creó el cielo y la Tierra en 6 días, haya nadie que choque con mi comparación y que el mundo por esta razón deba durar 6000 años; puesto que es indudable que consagrando Dios este último día para la formación del hombre no emplearía para esto enteramente todas las 24 horas de que se componía, etc."

"Se dice en el Apocalipsis, capítulo 12, que la mujer que había engendrado un hijo varón vivirá en el desierto un tiempo, y la mitad de un tiempo, lejos de la presencia de la serpiente"; y el Señor Conde de Saillmard Monford dice: "Que un tiempo significa 1000; tiempos, 800, que es un número incompleto y la mitad de un tiempo tomado en su rigor significa 50, lo que añadiría 14 años a los 1636". Sin embargo, el Señor Conde de Saillmard Monford se mantiene siempre en su primera opinión sobre los 10 años que deben transcurrir desde el 1820 al 1836 y es preciso convenir con él que con un número tal, los 14 años son muy poca cosa. Además, si este modo de interpretar obtuviese una preferencia sobre la otra, Mr. Saillmard observa que no habría gran diferencia de vivir hasta el año 1836 o 1850.

Si se quisiera refutar seriamente esta idea, no tendríamos que hacer más que atenernos a la época que ha engañado al conde de Saillmard Monford en sus cálculos y profecías. Si se toma la *antigüedad de los tiempos reconocida y restablecida desde las antiguos por los cronologistas modernos,* pero el Sr. Pezron en el canon cronológico que se encuentra al fin del libro, se verá que Jacob nació, no como dice Saillmard, sino 2275 años antes de Jesucristo, lo que nos da todavía muchos años de vida y aun se podría decir con todos los padres, que Abraham era el jefe de la antigua iglesia que es preciso colocar al principio de esta iglesia en el momento de las promesas de Dios y de la alianza que hizo con Abraham, *el padre de las creyentes.* Ahora, pues, estas promesas y esta alianza tuvieron lugar 2360 años antes de Jesucristo, lo que no es un plazo todavía, y nos asegura que el mundo no finirá hasta el año 2360 y no en 1836.

Mr. Saillmard prueba igualmente por los trabajos de la creación, que el mundo no debe durar más que 5836 o 5840 años, porque en esto es necesario contar justo. Desgraciadamente para este admirable supuesto, el mundo tenía ya 5873 años cuando Jesucristo nació, y no por esto había llegado el mundo a su fin. Hay ya 7699, y estamos en este año de gracia 1842, y no por eso nos morimos todos a la vez; en resumen, según los buenos escrutadores y astrólogos, el mundo debe durar 100 siglos o 10000 años. Si Dios le conserva tanto después de Jesucristo como antes, durará cerca de 1200, y siguiendo el cómputo vulgar que da al mundo 4004 años antes del Mesías, la Tierra estará en pie hasta el año 8008.

Herodoto dijo que el mundo, duraría 10800 años. Dion, que duraría 13984; Orfeo, 120000. Casander, un 1800000;

así, pues, prefiero creer a esta gente cuyas predicciones no se han desmentido todavía, que a una multitud de falsos profetas refutados ahora por tontos en los anales astrológicos. Tal fue Aristarco, que predijo la ruina general del género humano para el año del mundo 2484; Darete para el 5552; Arnaldo de Villanueva para el 1395 de Jesucristo; Juan Hilten, franciscano alemán, para el 1651; el inglés Wistons, *sabio expositor* del Apocalipsis que no entendía y que quería explicar según la geometría y álgebra, concluyó, después de muchas suposiciones, que Jesucristo volvería a la Tierra en 1715 o a más tardar en 1716 para convertir a los judíos y empezar un pacífico reinado de 1000 años; esto, sin embargo, ha causado violentos temores a los idiotas. El 18 de julio de 1816 debía ser el día terrible para todos nosotros según predecían algunos pronósticos populares, y el año 1816 se pasó tan pacíficamente como pasaron todos los demás años de condenación.

No lejos de Aviñonet, aldea situada cerca de Villafranca del Languedoc, hay un montecillo que domina una de las más fértiles llanuras de la Europa; en lo alto de este montecillo están colocadas las piedras de Narciso; esto es, dos enormes masas de granito que no *pueden haberse posado allí por sí solas,* y que deben haber sido transportadas en el tiempo que los sacerdotes franceses se llamaban Druidas. Ahora es preciso que se sepa (pues todas las gentes del país se lo dirán) que cuando estas dos piedras caigan, será la señal del fin del mundo. Los ancianos dicen que de un siglo a esta parte se han acercado de tal suerte, que un hombre gordo no podría pasar por en medio, mientras que 100 años atrás pasaba por allí sin dificultad ninguna un hombre a caballo.

Finalmente, un funcionario alemán llamado Mr. de Liweinstein, se ha tomado la pena de avisar al publico por medio de un folleto publicado en Francfort el año de 1818, que el anticristo aparecería en año de 1823, y que el mundo finiría 10 años después.

Concederemos todavía todo lo que podamos conceder a aquellos que están tan intrincados en la rutina para no adoptar los cálculos de P. Pezron. Suponiendo, pues, que el mundo en este año de 1842 sólo tenga 5846 años, no por eso desanimaremos a los aficionados a las profecías más seguras que las de M. de Salllmard Monford.

San Agustín, San Cipriano y San Gerónimo han decidido que el mundo finiría cuando tuviera 6000 años bien marcados. Sigamos el parecer de estas tres grandes lámparas de la iglesia, quienes siendo santos milagrosos merecen mejor nuestra confianza que los profetas del siglo IX, y tanto más cuanto su cálculo nos concede todavía 164 años para pensar en nosotros. Es necesario añadir a todas las predicciones falsas la de Madama de Krunner, que anunciaba el fin del mundo para el día 13 de enero de 1819 (que es el 1º de enero según el calendario ruso que servía de regla a la santa profetiza), el profeta es Muller, que es en calidad de hombre lo que Madama de Krunner es en la mujer, continúa la predicción y aun añade que algunos días antes del fin del mundo acontecerían grandes cosas que no se podían publicar tan anticipadamente, pero que ya se sabrían a su tiempo. En consecuencia, los buenos de los suizos y otros países del norte se consternaron indeciblemente, y se dispusieron a morir bien como habían hecho nuestros abuelos a fines del siglo X. Pero el mundo existe, los profetas también, y aún se dice que no han perdido nada de su influencia sobre los espíritus alemanes.

Estas predicciones nos parecen tan ridículas, que un gobierno prudente debería encerrar en una casa de locos a los Glinz, a los Adan, Muller y a todos los vagabundos inspirados.

Gastromancia o Garosmancia: Adivinación que se practicaba colocando entre bujías encendidas, vasos de vidrio redondos y llenos de agua clara; después de haber interrogado e invocado a los demonios en voz baja, se hacía mirar atentamente la superficie de estos vasos por un joven mancebo o por una mujer encinta; leyéndose en seguida la respuesta, en imágenes trazadas por la refracción de la luz en los vidrios. Otra especie de gastromancia se practicaba por medio del adivino que contestaba sin menear los labios, de suerte que se creía oír una voz aérea; el nombre de esta adivinación significa adivinación por el vientre, de modo que para ejercerla es necesario ser ventrílocuo. Enciéndanse cirios alrededor de algunos vasos llenos de agua limpia, y luego se agita ésta invocando el espíritu, que no tarda en contestar con voz hueca, en el vientre del brujo que hace esta operación.

Cuando los charlatanes aún en las cosas más mínimas encontraban medios seguros de engañar al pueblo, habían de tener una gran ventaja en ser ventrílocuos.

Un mercader de Lión, estando un día en el campo con su criado, oyó una voz que le mandaba de parte de Dios cediese sus bienes a los pobres, recompensando abundantemente a su servidor. Obedeció mirando como una orden celestial las palabras que no salían mas que del vientre de su criado. Se conocía antes tan poco lo que era un ventrílocuo, que los más célebres personajes atribuían esta habilidad al demonio. Tocio, patriarca de Constantinopla, dijo en una de sus cartas: *"Has oído hablar al maligno espíritu, dentro del vientre de una persona que bien merece tener por habitación la basura"*.

Geomancia: Adivinación por la tierra que consiste en arrojar un puñado de polvo en el suelo o sobre una mesa para juzgar de los acontecimientos futuros por las líneas y figuras que resultan. Poco más o menos es lo mismo que el bagazo de café.

Según otros, se practica ya trazando en tierra líneas o círculos sobre los que se cree poder adivinar lo que se desea saber, ya haciendo a la ventura en tierra o sobre el papel muchos puntos sin guardar orden alguno, fundando el juicio sobre el porvenir en las figuras que la casualidad ha formado; ya finalmente observando las hendiduras y grietas que hacen naturalmente en la superficie de la Tierra, de la que salen, según se dice, exhalaciones proféticas como los del antro de Delfos.

Hieromenoncia: Piedra que los antiguos empleaban en sus adivinaciones pero que no nos han dejado de ella ninguna descripción.

Hipomancia: Adivinación de los celtas, quienes formaban sus pronósticos sobre el relincho y espeluznamiento de ciertos caballos blancos alimentados a expensas del público, en los bosques consagrados donde no había otro cobertizo que los árboles. Hacíaseles marchar inmediatamente después del carro sagrado desde el que el sacerdote y el rey o jefe observaban todos sus movimientos y sacaban profecías a las cuales daban una entera confianza, porque estaban persuadidos que aquellos animales poseían el secreto de los dioses, mientras que ellos mismos no eran más que sus ministros.

Los sajones sacaban también pronósticos de un caballo sagrado alimentado en el templo de sus dioses y que hacían salir antes de declarar la guerra a sus enemigos.

Cuando el caballo empezaba a andar con el pie derecho la profecía era favorable; cuando con el izquierdo, era mal presagio y renunciaban a su empresa.

Horóscopos: Un veterinario de la ciudad de Beaubais hizo sacar el horóscopo de su hijo y después de haber el astrólogo levantado todas las figuras y examinado por mucho tiempo el aspecto de los astros, descubrió que el primogénito del buen hombre estaba amenazado de morir de un rayo a los 15 años, prediciendo el mes, el día y la hora en que debía acontecer esta desgracia, pero añadió que una caja de hierro salvaría al joven. Dicho esto, se retiró sin más. Cuando llegó el tiempo crítico el padre empezó a imaginar de qué modo podría una caja de hierro evitar a su hijo una muerte tan cercana como prematura y pensó que la idea de la profecía era encerrar al chico en una caja de hierro perfectamente cerrada.

Imposible sería que el rayo la taladrase, puesto que le daría un espesor considerable para resistir a una bala de cañón. Admirado de la sabiduría de su descubrimiento, se puso a trabajar con ardor en la construcción de su caja sin hablar de ello a nadie. Llega el momento, se formó una nube en el cielo justificando hasta entonces la profecía del astrólogo, llama a su hijo y le anuncia lo que había guardado en secreto desde su nacimiento, al saber: que su estrella le condenaba a morir de un rayo un poco antes de mediodía, si él no hubiese adquirido por casualidad el medio de quitarle la influencia de su mal planeta; y le mandó llevar la caja de hierro en medio del patio, rogando a su hijo que entrase en ella.

Este, algo más instruido que su padre, le hizo observar, según le había explicado su maestro de escuela, que en vez de protegerle contra el rayo aquella caja aún lo atraería; resistiéndose pues a las órdenes del buen hombre que le quería encerrar en la caja y se retiró a pesar de cuanto le pudo decir su padre, y se puso a rezar el evangelio de San Juan. En tanto fueron agrupándose las nubes, nublándose el cielo, retumbo el trueno, brillaron los relámpagos y cayó el rayo sobre la caja que redujo a cenizas. El veterinario sorprendido bendijo por primera vez al cielo por haber hecho desobediente a su hijo, y no por esto creyó desmentida la profecía, pensando que seguramente la caja habría engañado al rayo, creyendo encontrar dentro la presa.

Horóscopos ya hechos o medio de conocer su destino por las constelaciones que reinan al nacer.

1º *Libra* (es la balanza de Themis que se ha puesto en el número de las constelaciones y es emblema de la justicia). Libra domina en el cielo desde el 22 de septiembre hasta el 21 de octubre. Los hombres que nacen en este espacio de tiempo están bajo la influencia de Libra.

Son por lo común quejosos; amigos de los placeres, afortunados en el comercio y principalmente en el mar, y harán muchos viajes. Son hermosos, de modales atentos, buena habla y buena reputación; sin embargo, faltan a sus promesas y tienen más dicha que cuidado. Poseerán grandes herencias, serán emprendedores con las damas y tendrán aventuras amorosas. El arte de explicar los sueños será en ellos un don natural; su inteligencia manifestará los secretos del porvenir y su prudencia les guardará de muchos peligros.

Quedarán viudos de su primera mujer poco después del matrimonio y no tendrán muchos hijos. Deben temer a los incendios y al agua caliente.

La mujer que nace bajo esta constelación será amable, alegre, grata, burlona y bastante feliz. Será amiga de flores; tendrá buenos modales, la dulce persuasión correrá de sus labios y muchos corazones gemirán por sus atractivos. Sin embargo será algo susceptible y un poco problemática.

Se casa a la edad de 17 o 23 años; debe temer también al fuego y al agua caliente.

2º *Escorpión* (es Orión a quien Diana cambió en este animal que se colocó en el número de las constelaciones; da la malicia y el fraude). El escorpión domina en el cielo desde el 22 de octubre hasta el 21 de noviembre.

Los que nacen bajo esta constelación serán atrevidos, descarados, aduladores, engañosos, y ocultarán su maldad bajo la más amable apariencia. Se les oirá decir una cosa y harán otra; serán generalmente secretos y disimulados; desearán el fruto vedado; su natural bullicio les hará inconstantes; pensarán mal de otros; conservarán rencor, hablarán mucho y tendrán excesos de melancolía; sin embargo serán habitualmente alegres, les gustará reír a costa de otros y vencerán a sus enemigos.

Estarán sujetos a cólicos y pueden esperar grandes herencias. La mujer que nace bajo esta constelación será diestra y engañadora; se portará mal con su primer marido, pero mejor con el segundo; tendrá las palabras más dulces que el corazón; será descarada, alegre; amiga de reírse a expensas de los otros; obrará con inconsciencia, hablará mucho y pensará mal de todo el mundo, y llegará a ser melancólica con la edad.

Tendrá un cauterio en las espaldas a consecuencia de una enfermedad de humores, y el vientre hinchado de una herida en una de sus preñeces.

3º Sagitario (el Centauro, que enseñó a Aquiles a tirar el arco y que fue puesto en el número de las constelaciones. Da afición a la caza y a los viajes). Sagitario domina en el cielo desde el 22 de noviembre hasta el 21 de diciembre.

El hombre que nace bajo esta constelación será amigo de viajes y se enriquecerá en el mar. Tendrá un temperamento vigoroso, mucha agilidad y un espíritu tentador; tendrá amigos y gastara mucho dinero; será muy amigo de la equitación, la caza, las corridas, los juegos de fuerza y destreza y los combates. Será justo, secreto, fiel, constante, laborioso, sociable y tendrá tanto amor propio como espíritu y cualidades.

La mujer que nace en esta constelación tendrá un espíritu inquieto y murmurador; será trabajadora, compasiva; le gustarán mucho los viajes, y no podrá permanecer mucho tiempo en el mismo país; será presuntuosa y dotada de algunas cualidades, ya de talento ya de corazón.

Se casará a los 19 años si sabe resistir las proposiciones de muchos hombres depravados que querrán perderla.

En caso contrario no se casara hasta los 24 años. Sea lo que quiera será fecunda y buena madre.

4º Capricornio (este signo es la cabra que amamantó a Júpiter y la que fue colocada en el número de las constelaciones. La inconsecuencia es el don característico de este signo). Capricornio domina en el cielo desde el 22 de diciembre hasta el 21 de enero. El que nace bajo esta constelación será de un natural irascible, ligero suspicaz; será amigo del trabajo y desgraciado con sus amigos. Seducirá a las jóvenes, engañará, los maridos sin nada que su mujer e hijos lleguen a conocer sus tratos. Sus excesos serán causa de que su salud se vea quebrantada, y si este hombre ha nacido durante la noche, será el más inconstante de los vivientes. Será festivo, laborioso y algo tanto benéfico. Su estrella le hará feliz si viaja por los mares. Hablará con moderación, tendrá la cabeza pequeña y los ojos hundidos

Será rico y avaro en los últimos años de su vida. Los baños podrán en sus enfermedades darle salud.

La mujer que viene al mundo bajo la influencia de este astro será suspicaz y algo tímida en sus primeros años, pero al entrar en la edad de las pasiones su carácter se hará más firme y será más atrevida. Inconstante en sus amores hasta que se case podrá con todo guardar fidelidad para con su marido. Será celosa, hablará mucho, será inconsecuente y tendrá gran afición a los viajes.

No será muy hermosa pero tampoco será despreciable su figura.

5º Acuario (es Ganimedes, hijo de Troys, que crió Júpiter para que sirviera la copa de los dioses, y ha sido puesto en el número de las constelaciones. Da la alegría a los que nacen bajo su influencia). Acuario domina desde el 22 de enero hasta el 21 de febrero.

El hombre que nace bajo esta constelación será discreto, amable, amoroso, sabio, magnánimo, amigo del placer, curioso, desgraciado sobre las aguas, las que no le gustarán mucho; sujeto a la calentura, pobre en sus primeros años, rico después pero no mucho, pues gastará con prodigalidad para con su esposa y sus amigos. Los elogios de los hombres sensatos serán el dorado lauro de sus méritos. Será amigo de la gloria y vivirá largo tiempo. Tendrá enfermedades, correrá peligros, tendrá fortuna en sus cosas domésticas y será benéfico.

Si contrae segundas nupcias, su segunda mujer será paralítica, y tendrá pocos hijos.

La mujer que nazca bajo el dominio de Acuario será constante, sincera y liberal, y será amiga de los placeres. Tendrá trabajos con su familia, estará expuesta a las adversidades, y hará largos viajes. Después de haber sido pobre hasta los 20 años, será después rica pero sin opulencia. Será fiel, sabia y juiciosa, y su carácter tendrá mucha energía. Si llega a la ancianidad, quizás será paralítica.

6º Piscis (los delfines que llevaron Anfitrite a Neptuno fueron puestos en el número de las constelaciones e inspiran las dulzuras). Los peces dominan en el cielo desde el 22 de febrero hasta el 20 de marzo.

El que nace bajo esta constelación será oficioso, alegre amigo de divertirse, de buen natural, feliz en su casa; no será rico en su juventud, y cuando mayor estará más a sus anchuras, pero cuidará poco de su fortuna y no aprovechará las lecciones de la experiencia. Buscará las compañías honradas; algunas palabras indiscretas le costarán algunos disgustos y le avisarán que modere su afán de decirlo todo. Será atrevido y presuntuoso y las mujeres le harán infeliz en su juventud. Tendrá una señal debajo del brazo o del pie derecho.

La mujer que nace bajo esta constelación será hermosa, tendrá enojos, disgustos y penas en su juventud a causa de su verdadero mérito; deseará hacer bien; tendrá tan buen corazón como espíritu y memoria, y ¡cosa admirable y rara!, a todas estas circunstancias unirá un juicio sólido. Será sensata, discreta, económica y de un feliz natural. Le gustarán los placeres permitidos, las sociedades poco numerosas, y huirá del mundo. ¡Feliz el marido de semejante mujer! Estará seguro de ser amado constantemente y de vivir únicamente en su corazón.

La mujer nacida bajo esta constelación vivirá mucho tiempo, su salud será débil hasta los 28 años en que se hará más robusta, y sin embargo tendrá cólicos de vez en cuando.

7º Aries (es el carnero que llevaba el vellocino de oro y que fue colocado en el número de las constelaciones. Induce a los actos violentos). El carnero domina en el cielo desde el 21 de marzo hasta el 21 de abril.

Los que nacen bajo esta constelación son prontos, vivos, elocuentes, estudiosos, inclinados a los placeres y a la inconstancia. Rara vez mantienen su palabra y olvidan sus promesas. Corren grandes peligros con los caballos y se podrán tener por felices si sólo salen heridos en una cabalgata. Les gustará la caza y la pesca, pero serán tan malos cazadores como inhábiles jinetes.

Están amenazados de una muerte violenta, mostrándose demasiado atrevidos junto a las bestias de carga.

La mujer que nace bajo esta constelación será linda, viva y curiosa, será muy amiga de noticias, tendrá gran inclinación a la mentira y no será enemiga de la buena pitanza.

Se encolerizará frecuentemente; será maldiciente en su vejez y juzgará severamente a todas las mujeres. Correrá muchos peligros, tanto en la ciudad como en la campiña; se casará temprano y tendrá muchos hijos. Su enfermedad habitual será la jaqueca; tendrá también resfriados e indigestiones.

8º Tauro (es el toro cuya forma tomó Júpiter para robar a Europa y que fue puesto en el número de las constelaciones e inclina al atrevimiento y fuerza). El toro domina en el cielo desde el 22 de abril hasta el 21 de mayo.

El hombre nacido bajo este signo es audaz, tendrá enemigos, pero sabrá vencerlos, y será feliz. Viajará a países lejanos y quizás irá más de una vez a presidio.

No tendrá muy buen corazón, será rico en su vejez pero la edad le hará sombrío y melancólico.

Debe guardarse mucho de la mordedura de los perros y podrá llegar a ser uraño. Su vida será larga y poco sujeta a las enfermedades.

La mujer que nace bajo esta constelación será violenta e iracunda; sin embargo sabrá cumplir su deber y obedecer a su marido. Se encontrará en esta mujer un gran fondo de juicio y buen sentido, y apreciará mucho el trabajo. Quizá hablará demasiado.

Sensible es decir que esta mujer se portará muy mal hasta los 22 años, en que se casará y no dará ningún motivo de queja a su marido. Quedará viuda muchas veces y tendrá algunos hijos a quienes dejará riquezas y prudencía.

9º *Géminis* (los gemelos son Cástor y Polux, a quienes se ha puesto en el número de las constelaciones. Dan la amistad). Los gemelos dominan en el cielo desde el 22 de mayo hasta el 21 de junio.

El que nace bajo esta constelación tendrá buen corazón, hermosa figura, talento, prudencia y generosidad.

Será presuntuoso, amigo de corridas y viajes y no procurará mucho para aumentar su fortuna, sin embargo, no se empobrecerá; será fino, astuto, alegre, burlón y afable. Poseerá medios para las artes liberales.

Su corazón será propio para la amistad y el amor. ¡Feliz él si encuentra un amigo y un amante que hayan nacido también en el signo de Géminis!

La mujer que nace bajo este signo es amante de bellas cualidades que le bastarán para ser generalmente amada; tendrá el corazón dulce y sencillo; quizá descuidará demasiado sus negocios, las bellas artes, principalmente el dibujo y la música, tendrán muchos atractivos para ella.

Debe desconfiar de un hombre que querrá seducirla en su juventud. ¡Su alma sin desconfianza no ve el lazo que se le tiende, infeliz si se abandona! No podrá ser feliz ni con un anciano ni con un hombre más joven que ella, pero sí con un esposo que simpatice con ella, ya por el carácter, o por la edad.

10º Cáncer (cáncer o cangrejo que picó a Hércules mientras mataba a la hidra del pantano de Lerma, que fue puesto en el número de las constelaciones, y da los disgustos). El cangrejo domina en el cielo desde el 22 de junio hasta el 2l de julio.

Los hombres que nacen bajo esta constelación aman a las mujeres, todas las que quieran, y corren en pos de los placeres sensuales. Tendrán pleitos y contiendas en que saldrán muchas veces victoriosos; viajarán y correrán muchos peligros por mar. Caerán en la miseria en una época indeterminada de su vida, pero el descubrimiento de un tesoro les enriquecerá repentinamente. Este horóscopo inclina por lo común a la golosina; algunas veces inspira prudencia, talento y cierta dosis de modestia.

La mujer que nace bajo esta constelación es bastante bella, altiva, iracunda, pero fácil de apaciguar. Jamás será muy gruesa; será prudente, oficiosa, limpia, tímida y algo falaz. Los que podrán leer en el fondo de su corazón encontrarán en él la astucia, la finura, el disimulo y la ingratitud.

Será laboriosa y se verá expuesta a muchos peligros durante su vida. Debe evitar el ir por agua y guardarse de una caída. Sus partos serán difíciles y pondrán en peligro su vida.

11º Leo (es el del bosque de Nemeo que Hércules ahogó y que se colocó entre las constelaciones; inspira valor).

El León domina en el cielo desde el 22 de julio hasta el 21 de agosto.

El que nace bajo esta constelación es valiente, atrevido, fiero, elocuente y orgulloso. Su bella alma es accesible a las dulces emociones de la piedad; le gusta la burla y no teme manifestarse mensajero de mujeres. Se verá frecuentemente circundado de peligros, sus hijos le consolarán y harán su dicha. Se abandonará sin freno a la cólera y se arrepentirá algunas veces. Los honores y dignidades vendrán a encontrarle, pero antes los habrá buscado por mucho tiempo.

Debe temer al fuego, las armas y las fieras.

La mujer que nace bajo esta constelación será viva, colérica y atrevida; guardará rencor hasta que se haya vengado de la ofensa que le han hecho; hablará mucho y sus palabras serán frecuentemente amargas; además será hermosa, amante y amada; su pecho largo y formado antes de los 16 años y tendrá las piernas flacas y la cabeza gruesa.

Debe guardarse mucho del fuego y del agua hirviente.

Estará sujeta a los cólicos de estómago y tendrá pocos hijos.

12º Virgo (Es la doncella Astma que se ha colocado en el número de las constelaciones. Infunde la vergüenza). Domina en el cielo desde el 22 de agosto hasta el 21 de septiembre.

El hombre que nace bajo esta constelación es bien formado, sincero, generoso, magnánimo y amante de honores. Será robado y se vengará él mismo del ladrón.

No sabrá guardar su secreto ni el de los otros, será orgulloso, púdico en sus amores, en su porte, en su lenguaje, y hará bien a sus amigos; será sabio, honrado, bueno, virtuoso y se compadecerá de los males de los otros.

Le gustarán los buenos trajes, pero sin lujos ni coquetería.

La mujer que nace bajo esta constelación será casta, honrada, tímida, previsora y espiritual. Le gustará hacer y decir bien; favorecerá siempre y cuando pueda, será irascible, pero, sin embargo, su cólera no será ni peligrosa ni de larga duración.

Se casará a los 16 o 17 años y dará a luz hijos que serán hermosos y amables como ella; se verá expuesta a muchos peligros de los que la sacarán más de una vez su sabiduría y talento penetrante. Esta mujer hará también la felicidad de su marido.

Los autores que han escrito sobre los horóscopos han establecido muchos sistemas parecidos a este por la forma y todos diferentes por los casos. Las personas que según éste han nacido, serán en otros seres abominables. Los astrólogos han fundado sus oráculos en el capricho de su imaginación y cada uno de ellos nos ha dado las pasiones que se han encontrado bajo su pluma al momento de escribir. Quien crea en los presagios de su constelación deberá también creer en los pronósticos del almanaque diario, y con mucha más razón, porque los astros tienen sobre la temperatura una influencia que no tienen sobre los seres vivos. Finalmente, si la adivinación que se acaba de leer estuviese fundada, sólo habría entre hombres y mujeres 12 especies de naturales, puesto que todos los que nacen bajo el mismo signo deben sufrir los mismos accidentes, y todo el mundo sabe si entre los millones de mortales que habitan este globo se encuentran siquiera dos que se parezcan.

Es de esperar que el lector sólo se parará en esta ridícula presencia, sólo para divertirse un rato.

Ichtomancia o Ichtyomancia: Adivinación muy antigua que se practicaba con las entrañas de los pescados. Polidamas y Tiresias, se sirvieron de ella en la guerra de Troya. Decíase que los peces de la fuente de Apolo, en Mira, eran profetas, y el mismo Apuleyo fue acusado de haberse servido de esta adivinación.

Jilomancia: Adivinación por medio de la madera que se practicaba particularmente en Esclavonia. Era el arte de sacar pronósticos de la posición de los pedazos de madera seca que uno encontraba en su camino. Hacían también conjeturas no menos ciertas sobre el porvenir, del modo de colocar los tizones en una hoguera, del modo como ardían, etc. Es tal vez un resto de esta adivinación lo que hace augurar mal a muchas buenas gentes cuando un tizón se cae del lugar donde lo han puesto para quemarse, etc.

Kefalonomancia: Adivinación que se practica haciendo varias ceremonias sobre la cabeza de un asno. Era muy familiar entre los germanos; y los lombardos sustituyeron a la de asno por una de cabra. Del Río sospecha que este género de adivinación, usada por los judíos infieles, ha dado lugar a imputárseles que adoraban un asno. Los antiguos la practicaban poniendo sobre carbones encendidos una cabeza de asno, recitando oraciones y pronunciando los nombres de aquellos de quienes sospechaban hubiesen cometido algún delito, y observando el momento en que las mandíbulas se chocaban. El nombre pronunciado en aquel instante designaba al inculpado.

El diablo estaba también allí algunas veces, aunque sin darse a conocer, para contestar a las preguntas que se le quisiesen hacer.

Lecanomancia: Adivinación por medio del agua. Se escribían palabras mágicas sobre planchas de cobre que se colocan en un vaso lleno de agua, y una virgen mirando esa agua, veía cuanto quería saber, o por mejor dicho, cuanto deseaba ver. También se llenaba de agua un vaso de plata durante un hermoso claro de luna, en seguida se reflejaba en el vaso la luz de una candela, con la hoja de un cuchillo y veíase lo que se quería conocer.

Por medio de la Lecanomancia los antiguos colocaban, en una vajilla llena de agua, piedras preciosas o planchas de oro y plata, grabadas con ciertos caracteres que se ofrecían al diablo, después de haberlos conjurado con ciertas palabras le proponían la pregunta que se deseaba saber, y entonces salía del fondo del agua una voz baja parecida al silbido de una serpiente, que daba la solución deseada. Glicas refiere que Nectanebo rey de Egipto, conoció por este medio que sería destronado y Del Río añade que en su tiempo, esta adivinación, estaba todavía en boga entre los turcos. Antiguamente era también familiar entre los Caldeos, Asirios y egipcios. Vigenerio añade que se arrojaba también plomo hirviendo en una vasija llena de agua y por medio de las figuras que se formaban, se tenía la respuesta de lo que se preguntaba.

Libanomancia: Adivinación practicada por medio del incienso. He aquí como expresa Díon Cassio las ceremonias que practicaban los antiguos en cuanto a la Libanomancía. Tomábase el incienso, después de haber hecho las súplicas relativas a lo que se pretendía, y echábase dicho incienso en el fuego, a fin de que su humo llevase las plegarias hasta el cielo. Si debía conseguirse lo que se deseaba, el incienso se consumía luego y daba una llama visible, pero si al contrario, eran vanas las súplicas de los que rogaban, el incienso parecía huir del fuego y tardaba en humear. Este oráculo, añade Cassio, servía para predecirlo todo menos las cosas relativas al matrimonio y a la muerte.

Licnomancia: Adivinación por medio de la llama de una lámpara, de que todavía quedan huellas. Cuando una chispa se separa del pabilo, anuncia una noticia venida de aquella parte a donde fue la chispa.

Litomancia: Adivinación que se hacía por medio de muchos guijarros que se sacudían uno con otro y según su sonido más o menos claro o agudo daba a conocer la voluntad de los dioses. Refiérese a esta adivinación la superstición de aquellos que creen que la amatista tiene la virtud de dar a conocer a los que la llevan, los acontecimientos futuros, por medio de sueños. Decíase también que si se rociaba con agua y se acercaba al imán, contestaba a las preguntas que se le hacían, pero con voz débil como de chiquillo.

Margaritomancia: Adivinación por medio de las perlas. Se pone una sobre un fogón a la orilla del fuego, cúbresela con un vaso puesto boca abajo; se la pregunta pronunciando los nombres de aquellos de quienes se sospecha si han robado alguna cosa; en el momento que se dice el nombre del ladrón, la perla da un salto hacia arriba y rompe el fondo del vaso para salir: así es como se reconoce al culpable.

Miomancia: Adivinación por medio de las ratas o ratones; sacábanse siniestros presagios de sus chillidos o de su voracidad. Elieno cuenta que el agudo grito de un ratón bastó a Fabio Máximo para precisarle a hacer la dimisión de la dictadura y según Varron, Casio Flaminio, por un presagio semejante, renunció al cargo de general de la caballería. Plutarco dice que se auguró mal de la última campaña de Marcelo, porque los ratones habían roído el oro del templo.

Un romano fue un día, muy asustado a consultar a Catón porque las ratas habían roído uno de sus zapatos, y Catón le respondió que mayor prodigio hubiera sido si el zapato hubiese roído al ratón.

Nerancia: Especie de adivinación usada entre los árabes y fundada sobre muchos fenómenos del Sol y la Luna.

Nigromancia: Arte de evocar los muertos o adivinar las cosas futuras por la inspección de los cadáveres. Había en Sevilla, Toledo y Salamanca escuelas públicas de Nigromancia en profundas cavernas, cuya entrada mandó tapiarla la reina Isabel 1, esposa de Fernando V.

Los griegos usaban mucho esta adivinación y principalmente los tesalienses; rociaban con sangre caliente un cadáver, creyendo tener luego ciertas contestaciones sobre el porvenir. Los que consultaban debían antes haber hecho la exploración aconsejada por el mago que presidía esta ceremonia, y generalmente, haber apaciguado con algunos sacrificios los males del difunto, el que sin estos preparativos se mantenía siempre sordo a todas las preguntas.

Los asirios y los judíos se servían también de esta adivinación y ve ahí como obraban estos últimos. Mataban chiquillos torciéndoles el cuello, cortábanles la cabeza la que salaban y embalsamaban; luego grababan en una plancha de oro el nombre del espíritu maligno para quien habían hecho este sacrificio; cólocaban la cabeza encima, la rodeaban de cirios, la adoraban como a un ídolo y les contestaba.

Oculomancia: Adivinación con el objeto de descubrir un ladrón, examinando el modo de volver los ojos después de ciertas ceremonias supersticiosas.

Oenomancia: Adivinación por el vino, cuyo color se consideraba al beber, o que se le preparan las menores circunstancias para sacar presagios. Los persas eran muy aficionados a esta adivinación.

Ofiomancia: Adivinación por medio de las serpientes. Estaba muy en uso entre los antiguos y consistía en sacar presagios de los varios movimientos que se ven hacer a las serpientes. Teníase tanta fe en estos presagios que se alimentaban expresamente serpientes para conocer el porvenir.

Olicmancia: Adivinación sacada del aullido de los perros. En la guerra de Mesenia, supo Aristodemo que los perros aullaban como lobos, lo que les hace dar más crédito a los demás infaustos presagios.

Omomancia: Adivinación por las espaldas entre los rabinos. Los árabes adivinan por las espaldas de carneros, las cuales por medio de ciertos puntos que llevan marcados representan varias figuras de geomancia.

Onicomancia: Adivinación por las uñas, que se practicaba frotando con hollín las uñas de un mancebo, quien las presentaba al Sol, figurándose ver en ellas figuras que daban a conocer lo que se deseaba saber. También se servían para esto de cera o aceite.

Onotomancia: Adivinación por los nombres, muy usada entre los antiguos.

Oomancia o Ooscopia: Adivinación que se hacía por medio de los huevos. Los adivinos de los antiguos tiempos veían en la conformación exterior y en la forma interior de un huevo los más recónditos secretos del porvenir, y Suidas pretende que esta adivinación fue inventada por Orfeo.

Ahora también se practicaban adivinaciones con la albúmina de los huevos, de modo que algunas sibilas modernas han dado grande celebridad a este oráculo. Tomar para esto un vaso con agua, romper la cáscara de un huevo y dejar caer poco a poco la clara en el agua, y entonces, según la figura que forma la albúmina flotante, se unen de ello los presagios. Algunos hacen esta misma adivinación valiéndose del agua hirviendo.

Esta adivinación no es nueva, pues la explica ya el libro mágico.

"La operación del huevo, dice este libro, se hace para saber lo que sucederá a alguno de los que se hallan presentes en aquel acto". Tomar para ello un huevo de gallina negra que sea puesto el día anterior, romper la cáscara y dejar caer la yema en un vaso grande que se tendrá preparado con agua clara; póngase el vaso al Sol de mediodía en verano y rezando algunas oraciones y conjuros; mezclar con el dedo la yema con el agua, dejar un momento, y entonces se presentará una figura que dará a conocer el destino de aquel por quien se consulta, pero es preciso advertir que esta operación se debe practicar en día de trabajo, pues los objetos de este modo se presentan en sus ocupaciones ordinarias. Si se desea saber si una joven o un muchacho han desflorado su virginidad puede hacer el mismo experimento; si la yema se precipita, señal que todavía se hallan puros; pero si se mantiene mezclada con agua, señal de prostitución.

Ornitomancia: Adivinación que se sacaba del canto, grito y vuelo de los pájaros. En los siglos en que la religión apoyaba esta creencia, se levantaron intrépidos filósofos a condenarla. Cicerón no podía concebir como podían dos adivinos mirarse sin reír, y Pacubio opinaba que mejor era escucharlos que confiar en ellos.

Pegomancia: Adivinación por los manantiales que se practicaba arrojando cierto número de piedras cuyos movimientos se observaban, ya sea sumergiendo vasos de vidrio, examinando los reflejos que hacía el agua para entrar en ellos arrojando el aire. La pegomancia más célebre es la adivinación por la suerte de los dados que se practicaba en la fuente de Apon, cerca de Padua; arrojábanse los dados en el agua para ver si sobrenadaban o si se hundían, y qué número daban; sobre lo que un adivino explicaba el porvenir.

Psicomancia: Adivinación por los espíritus o arte de evocar los muertos.

Quiromancia: Arte de decir la buena ventura por la inspección de las líneas de las manos. Esta ciencia que los gitanos han hecho célebre, es según se dice, muy antigua. He aquí cuales son sus principios:

Hay en la mano muchas partes que es importante primeramente distinguir, la palma dentro de ella y el puño fuera, cuando está cerrada; los dedos, las uñas, las junturas, las líneas y las alturas.

Los dedos son cinco, el pulgar, el índice, el dedo del medio, el anular y el auricular. Hay 15 junturas: tres en el dedo pequeño, tres en el anular, tres en el dedo del medio, tres en el índice, dos en el pulgar y una entre la mano y el brazo.

Las cuatro líneas principales son: la de la vida que es la más importante, empieza en lo alto de la mano, entre el pulgar y el índice y se prolonga debajo de la raíz del primero hasta la juntura que separa el brazo de la mano; *la línea de la salud* y del talento, que tiene el mismo origen que la anterior entre el índice y el pulgar, divide la mano en dos partes y acaba en la base del medio entre la juntura de la muñeca y la raíz del dedo pequeño; la línea de la fortuna y la dicha, que comienza en el origen del índice y acaba debajo de la base de la mano, cerca de la raíz del pequeño; en fin, la línea de la coyuntura, que es la menos importante, se halla entre el pasaje de la mano al brazo; es más bien un pliegue que una línea.

Cuéntase aún una quinta línea que no se halla en todas las manos y se llama del triángulo, porque empezando en medio de la coyuntura, debajo de la raíz del pulgar y acaba debajo del pequeño.

Hay también en la mano siete hinchazones o alturas, que llevan el nombre de los siete planetas, y que señalaremos en su lugar. Para la quiromancia se sirve siempre de la mano izquierda porque la derecha estando cansada presenta muchas veces en las líneas irregularidades que no son naturales. Tomarse cuando está reposada, algo fresca y sin ninguna agitación, para ver el verdadero color de las líneas y la forma de los rasgos que en ella se hallan. La figura de la mano puede ya dar una idea sino del porvenir de las personas, al menos de su naturaleza y talento. Generalmente una mano grande anuncia un entendimiento débil y embotado a menos que los dedos sean largos y huesudos. Una mano regordeta, cuyos dedos terminan como palillos, como se complace uno en desear a las mujeres, no anuncia tampoco un talento muy superior. Los dedos que entran en la mano son una señal inequívoca de un entendimiento lento, y algunas veces una inclinación a la artimaña. Los que sobresalen a la mano indican contrarias cualidades. Los que son tan gruesos en la extremidad como en la raíz no anuncian nada de malo y los que son más de la coyuntura del medio que de su origen, no indican nada de bueno.

Una mano ancha es mejor que una demasiado estrecha, y para que sea bonita es preciso que tenga la anchura de lo largo del dedo del medio.

Si la línea de la coyuntura, que es algunas veces doble, es viva y colorada, anuncia un temperamento robusto, si es derecha en toda su longitud, promete riquezas y felicidades; si la coyuntura presenta cuatro líneas visibles, iguales y rectas es de esperar el adquirir honores, dignidades y ricas sucesiones.

Si está atravesada por tres cortas rayas perpendiculares o señalada de algunos puntos bien claros y visibles, es para un hombre una señal infalible de que será engañado por las mujeres y para una señora es el presagio de algún ultraje que recibirá de un amante.

Pequeñas líneas que saliendo de la coyuntura se pierden, debajo de la raíz del pulgar, es una certidumbre que será uno engañado por sus parientes. Si una línea sale también del mismo lugar y acaba en la raíz del dedo del medio, anuncia dichas y éxito en las empresas; y va a terminar en el origen del pequeño, desgracias y pesadumbres. Las rayas que parten de la muñeca y se extienden a lo largo del brazo, son seguros indicios de que será desterrado por su patria y si van a perderse en la palma de la mano presagian largos viajes por tierra y por mar, y una vida muy agitada. Si se hallan en la coyuntura de la mano de una señorita tres líneas de las cuales una se termina en la raíz del dedo pequeño, la otra en el dedo del medio y la tercera en la del pulgar, esta niña se abandonara a los más vergonzosos excesos desde la edad más tierna.

Una joven que tenga en la línea de juntura de la mano la figura de una cruz, es casta, dulce, llena de honor y dotada de talento y hará la felicidad de su esposo.

Cuando *la línea de la vida,* que se llama también del corazón, es larga, bien marcada, igual y de un color vivo, anuncia una vida exenta de males y una lozana vejez; al contrario, si no tiene color, es torcida, corta, poco aparente y cortada por pequeñas rayas transversales es indicio de una vida corta, de una mala salud y de un carácter insignificante. Esta línea estrecha, pero larga y de buen color, es señal de la sabiduría, de ingenio y de un corazón generoso; pálida y larga, lo es de la impolítica y algunas veces de la necedad. Si es profunda, de desigual color, es decir, marcada con manchas rojas y lívidas, denota la maldad, la doblez, la charlatanería, los celos y la presunción.

La línea de vida, profunda, larga y colorada, demuestra una inclinación a la lascivia, la naturaleza de un borracho y la afición a la bellaquería; y si de un extremo a otro su color es entre mezclado de pálido y rojo subido, anuncia la cólera, los arrebatos y un natural inclinación a los excesos de furor. Cuando en su origen, entre el pulgar y el índice, *la línea de vida* se divide en dos en forma de horquilla, es la señal de la inconstancia.

Una cruz sobre esta línea, en la mano de una mujer indica la liviandad y al amor al vicio.

La misma línea, atravesada en el medio por dos rayitas transversales y bien distintas, significa una muerte próxima. Si esta rodeada de pequeñas arrugas que le den la figura de un tronco cargado de ramillas, con tal que se dirijan hacia lo alto de la mano, es presagio de riquezas y honores y según algunos quirománticos el mejor de todos los signos, pero si las arrugas van hacia abajo de la mano, anuncian la pobreza y una cercana ruina; y si son estrechas y cortan transversalmente la línea, prometen una mezcla de bien y de mal.

Todas las interrupciones y cortes de *la línea de vida,* son otras tantas enfermedades. Si está cargada de puntitos o agujeritos es señal de un natural impúdico; si estos puntos son encarnados, son de un gran peligro en una aventura amorosa. Cuando se encuentre en la línea un puntito rodeado de un pequeño círculo, será uno tuerto, pues este signo indica la pérdida de un ojo y si esta señal es doble, es de temer el volverse ciego. Una cruz colocada en lo alto de *la línea de vida* entre el pulgar y el índice anuncia una determinada propensión a la lujuria y a la vida disoluta. Si la cruz está puesta al contrario, cerca de la coyuntura, presagia la muerte en un cadalso.

La línea de la salud y del entendimiento, llamada también línea del medio, cuando es derecha, bien distinta y de un color natural, da la santidad, el talento, los sanos juicios, una memoria feliz y una viva concepción, y si es prolongada se gozará de una perfecta salud, aun en la vejez. Si al contrario, es tan corta que no ocupa sino la mitad de la mano, demuestra la timidez, la debilidad, la obstinación y la avaricia y si es pálida, la perfidia.

Cuando es encorvada hacia el dedo pequeño, presagia una miserable vejez y si está curva formando una especie de gancho, es el signo de la ruina.

Si la *línea de salud* se encorva hacia la coyuntura de la muñeca, denota la necedad y la desvergüenza; cuando es tortuosa da el gusto del robo; y al contrario, recta y de un color brillante, es la señal de una consciencia pura y de un corazón justo. Larga, profunda y de un rojo subido anuncia la rudeza y la impudicia; cargada de pequeños círculos, son asesinatos que se cometerán, si no se toma cuidado. Si esta línea se interrumpe en su mitad para formar una especie de semicírculo, es el presagio de que será expuesto a grandes riesgos con los animales feroces.

Si en medio de la línea se levanta una crucecíta, se puede creer que morirá en aquel mismo año si en su origen es ahorquillada la línea, anuncia un talento precoz, pero que se amortiguará con la edad, y si por el contrario, lo es en su extremidad o se divide en muchas rayitas que bajan hacia la base de la mano, indican un talento tardío, pero que con los años se fortalecerá. Este rasgo promete también una vida prolongada y algunas veces una vejez llena de pobreza.

La línea de la fortuna o de la dicha, es casi paralela a la de la salud. Si es igual, recta, bastante prolongada y bien distinta, denota un origen excelente, la fuerza, la modestia y la constancia en el bien, pero si en lugar de empezar debajo de la raíz del índice, entre éste y el dedo del medio, comienza casi en lo alto de la mano es el signo de la crueldad y del orgullo. Cuando es muy encarnada en su parte superior, demuestra la envidia y anuncia un delator, que está a punto de dañar y que se complace en el mal de los demás.

Esta línea, cargada de rayitas que forman ramas que se dirigen hacia lo alto de la mano, presagia las dignidades, la dicha, el poder y las riquezas; y al contrario, si está enteramente despojada, unida y sin ramales, predice la miseria y el infortunio. Si las ramas son en número de tres y que se prolonguen hacia lo alto de la mano, es indicio de un carácter festivo, y de un corazón generoso; también es la señal de la modestia y amabilidad. Es muy raro que con estas tres ramitas no agrade uno a las señoras, y ninguna de éstas con ellos debe temer que le falten amantes.

Cuando se halla una pequeña cruz sobre la línea de la fortuna, es el anuncio de un corazón liberal, amigo de la verdad, bueno, afable y adornado de todas las virtudes.

Si la línea de la dicha, en lugar de nacer donde se ha dicho, tiene su origen entre el pulgar y el índice en el mismo puesto que los de la salud, de modo que ambas formen juntas un ángulo agudo, debemos esperar grandes pesares, muchos peligros y tedio a la vida. Si *la línea de la salud* no se halla en medio de la mano, y que no hubiese en ella sino de la vida, y de la fortuna, reunidas en su raíz, en forma de ángulo, es el presagio de que se perderá la cabeza en una batalla, o que en algún negocio será herido mortalmente. En cualquier caso no debe esperarse con esta forma una muerte natural.

Cuando la línea de la fortuna es recta y delgada en su parte superior, da el talento de gobernar su casa y un razonable aspecto en los negocios. Sí en su mitad está interrumpida por rayitas transversales, indica la adulación y la hipocresía; cualidades que atraen el desprecio general.

Si esta línea es pálida en toda su longitud, promete el pudor, la castidad, una naturaleza fría y una grande debilidad de cuerpo y ánimo; si falta enteramente en la mano, es un mal pronóstico; la persona privada de esta línea no tiene carácter alguno; disfrazada, tendríase trabajo en reconocer su sexo, porque tienen de hombre y de mujer; posee grandes disposiciones para el mal, y pocas para el bien, poca constancia y una inclinación a enojarse por la más leve cosa. Si en el extremo inferior la línea esta cortada por pequeñas rayas transversales estas son otros tantos matrimonios que contraerán o se han contraído.

La línea del triángulo falta en muchas manos sin que por esto sea la persona más desgraciada. Si es recta distinta (pues ordinariamente aparece muy poco), y que se adelante hasta *la línea de la salud,* promete grandes riquezas; si se prolonga hasta la raíz del dedo medio, presagia los más dichosos sucesos; pero si se pierde debajo de la raíz del dedo pequeño hacia abajo de la mano trae consigo desgracias, rivalidades y odios. Si es tortuosa, desigual, de cualquier parte que se dirija es el anuncio de que se saldrá de la pobreza.

La eminencia que se halla en la raíz del pulgar se extiende hasta *la línea de la vida,* se llama *monte de venus.* Cuando esta tuberosidad es dulce, única, sin arrugas y de un agradable color, es indicio de grandes disposiciones para las aventuras amorosas si está adornada de una línea paralela a *la línea de la vida,* y cercana a ésta, anuncia un insaciable gusto por los placeres de venus, y también grandes riquezas. Si esta eminencia se halla cargada de muchas rayas paralelas a la misma *línea de la vida,* será uno rico en su juventud y pobre en la vejez; si al contrario las rayas que cubren la eminencia del pulgar se dirigen hacia otra parte, es decir, si van de la coyuntura de este dedo a *la línea de la vida,* será pobre en su juventud y rico en su ancianidad. Si esta montaña es a la vez cargada de rayas que se crucen en longitud y latitud, será rico toda su vida o al menos gozará de una dulce comodidad. Cuando el pulgar está atravesado en su longitud por pequeñas lineas que salen de la uña hasta la primera coyuntura, promete una herencia; pero si estas líneas son transversales como el doblez de las junturas, es la señal de que se harán largos y peligrosos viajes. Si el pulgar o su raíz presentan algunos puntitos o estrellitas, indica la alegría.

La figura de un pequeño círculo sobre el pulgar anuncia también un origen amoroso; las de una o muchas crucecitas denotan la piedad, la devoción y el amor al retiro.

La eminencia que está en la raíz del índice se llama el *monte de Júpiter.* Cuando es unida y agradablemente colorada, es el indicio de un buen origen y de un corazón virtuoso; si está cargada de pequeñas lineas, dulcemente señaladas, se recibirán honores y dignidades importantes. Si las tales líneas son numerosas y apretadas, inducirá a que abrace el estado eclesiástico, y puede esperanzar ser tal vez cardenal. Si los pliegues que forma la segunda coyuntura del índice son anchos y de un rojo subido, anuncia un hombre débil en amor, en una mujer es señal de un parto peligroso. Si el extremo inferior del índice está atravesado en una línea en toda su longitud, presagia una muerte violenta; si la juntura que está cerca de la uña es suavemente doblada y de un color natural, denota un genio afable, y una voz sonora; la misma persona tendra los dos primeros dientes de la mandibula superior algo fuertes sin parecer por eso más fea. Muchas líneas cortas entre la segunda juntura y la raíz del índice predicen ricas sucesiones de parte de lejanos parientes de los que nada se espera.

La tuberosidad que se eleva en la palma de la mano en la raíz del dedo del medio, tiene el nombre de *monte de Saturno.* Si es unida y de buen color, denota la sencillez y el amor al trabajo; pero sí está cargada de pequeños plieguecillos es indicio de la inquietud y de un espíritu pronto a apesadumbrarse.

Cuando la juntura que separa la mano del dedo medio presenta algunas arrugas tortuosas, designa un juicio lento, un entendimiento perezoso y una concepción dura, Una línea corta en la mano de una mujer, en cada lado de la raíz del dedo del medio, anuncia muy buenas disposiciones para ser madre, y puédese afirmar que si estas líneas son bien señaladas, dará a luz algunos muchachos. Una mujer que tenga debajo del dedo del medio, entre la segunda coyuntura y la primera, la figura de un crucecita, es un signo dichoso para el porvenir. En un hombre esta señal cambia de naturaleza, pues presagia desdichas. La mujer que entre estas dos coyunturas tenga cinco o seis rayas dispuestas a lo largo, parirá un hijo que será sacerdote. Este hijo será muerto si se halla en medio de estas rayas, un punto o la figura de una estrella.

La tuberosidad que se encuentra en la raíz del dedo anular se dice *monte del Sol.* Si está cubierta de cortas líneas naturalmente marcadas, anuncia un entendimiento dichoso y vivo, elocuencia, talentos para los empleos políticos y eclesiásticos, y tal vez un poco de orgullo.

Si estas líneas son tan sólo en número de dos, indican menos elocuencia, pero más modestia y mas honradez.

Si la raíz del dedo anular está cargada de líneas cruzadas unas sobre otras, el que tenga esta señal alcanzará victoria sobre sus enemigos y sobre sus rivales. Cuando estas líneas son muy marcadas y de un color algo vivo, dan la alegría y el carácter agradables; muy tortuosas y de un encarnado obscuro, señalan un temperamento viciado, y presagian enfermedades. Si forman una cruz de San Andrés, es la señal de la moderación y la previsión.

Una mujer que tenga debajo del dedo anular cerca de la segunda coyuntura, rayas puestas a lo largo, será enriquecida por su esposo, el cual adquirirá una inmensa fortuna para darle. Si estas líneas están cerca de la juntura inmediata a la uña, esta mujer será devota y quizás se encerrara en un claustro.

La eminencia que se eleva en la mano en la raíz del dedo pequeño, tiene el nombre de *monte de Mercurio*. Si es unida, sin arrugas y de un color igual, indica un dichoso temperamento, y constancia en el talento y en el corazón, en los hombres también la modestia, y en las mujeres el pudor y una virtud inalterable. Si esta eminencia está cortada por dos líneas que se prolongan hacia el dedo pequeño, es señal de liberalidad. Si estas líneas son de un rojo subido, interrumpido por algunas manchas de color pálido, denota un origen mentiroso y la inclinación al robo. Si la coyuntura que une el dedo pequeño a la mano está cargada de líneas tortuosas, promete grandes esperanzas y los favores de la fortuna. Una mujer que tenga en el extremo del dedo pequeño la figura de una cruz más o menos señalada, es insolente y habladora. Dos líneas que forman un ángulo debajo de la segunda juntura del dedo pequeño, indican el amor al estudio, un talento osado y un corazón soberbio. Entre la segunda coyuntura y la que está vecina a la uña, una cruz, denota pasiones desordenadas, un sueño penoso y una consciencia agitada. La figura de un círculo en el dedo pequeño presagia dignidades y poder.

El espacio que se encuentra en el extremo interior de la mano, debajo de la montaña de Mercurio desde la línea de la fortuna hasta la extremidad de la del talento, se llama *monte de la Luna.*

Cuando este espacio está liso, dulce y limpio, indica la paz del alma y un genio naturalmente tranquilo; si es de un color muy subido, es la señal de la tristeza, de un natural amable y pesaroso, y de un temperamento melancólico. Si está cargado de arrugas, anuncia viajes y peligros en el mar.

La eminencia que hay en el extremo inferior de la mano, desde la extremidad de la línea del talento hasta la parte inferior de la línea de la coyuntura, tiene el nombre de *monte de Marte.* Cuando está unido y sin arrugas, denota el verdadero valor y el ardimiento acompañado de la prudencia. Si es de un color muy fuerte, indica siempre la audacia y la temeridad. Cuando está cubierta de arrugas, cuantas haya, son otros tantos peligros más o menos graves según la profundidad y la extensión de las arrugas; presagia también una muerte venida tal vez de manos de ladrones, si las líneas son lívidas; una funesta desgracia, si son muy coloradas, y una muerte afrentosa, si se hallan en el monte de Marte muchas cruces, es indicio de dignidades y empleos.

Algunos pretenden, en cuanto a coyunturas, que cuando la que separa el dedo pulgar de la mano forma una línea profunda, sencilla y bien trazada, anuncia un temperamento sólido y una constitución bien organizada; si es desigual, cortada o atravesada por otras líneas, indica la debilidad. Cuando se hallan en la juntura que separa al pulgar en dos, tres líneas inferiores más o menos juntas o marcadas, es una prueba de una dicha cierta.

Cuando la primera juntura del índice está cargada de ramitas, es una señal evidente de la probidad y de un dichoso origen. Si la línea de la segunda coyuntura está cortada en el medio y atravesada por dos rayas rectas, cortas y bien señaladas, puédense esperar honores. Cuando la línea de la coyuntura inmediata a la uña del índice es igual y bien distinta, promete una salud floreciente.

Cuando la primera juntura del dedo del medio está cargada de líneas cortas, denota un origen crédulo, una persona sencilla y de buenas costumbres. Cuando la segunda coyuntura del dedo del medio tiene muchas líneas, indica un corazón ambicioso y un genio revoltoso.

Cuando la tercera coyuntura está compuesta de tres líneas más o menos señaladas, indica un alma sin ilusión, y una grande aversión a toda especie de engaño.

Si la primera juntura del dedo anular está cubierta de lineas y ramitas, es un seguro indicio de una gran imaginación. Si la segunda juntura tiene tres rayitas de las cuales la del medio está dividida, da a conocer un genio festivo y jovial. Si la coyuntura del medio está compuesta de una sola línea unida, sencilla y bien distinta, anuncia un buen corazón.

Cuando las tres junturas del dedo pequeño se ven cargadas de líneas y de ramitos, indican el talento, la capacidad y la elocuencia. No debemos olvidar tampoco las señales de las uñas.

Algunas manchas blancuzcas en las uñas presagian temores; si son negras anuncian horrores y peligros; si son rojas, lo que es ya mas raro, desgracias e injusticias, y si son de un blanco puro, esperanzas y felicidad.

Cuando estas manchas se encuentran en la raíz de la uña, indican que el cumplimiento de lo que ellas presagian está muy lejano. Con el tiempo se adelantan hasta el extremo de la uña, cuando las esperanzas y temores se justifican por el suceso.

Para que una mano sea perfectamente dichosa no debe ser muy regordeta, un poco larga; que los dedos no sean redondos, y que se distingan bien los nudos y las coyunturas. El color deberá ser dulce y suave, las uñas más largas que anchas; *la línea de la vida* bien distinguida, igual y de un color fresco, sin ser interrumpida y prolongada hasta la línea de la coyuntura. La de la fortuna debe estar cargada de rayitas en forma de ramas y de un color vivo e igual. ¡Dichoso aquél que con una mano de esta construcción llevará algunas de las benéficas señales que hemos indicado; el carácter de esta persona labrará su felicidad, el destino, su fortuna y su estrella le conducirá el genio que da la gloria!

Véase en todos los libros que tratan de la quiromancia, que los doctos en esta materia reconocen dos especies de adivinación por medio de la mano; la *Quiromancia física,* que con la simple inspección de ésta adivina el genio y el destino de las personas, y la *Quiromancia astrológica,* que examina las influencias de los planetas por las líneas de la mano, y cree poder determinar la naturaleza y predecir lo que ha de suceder, calculando estas influencias.

Nos hemos detenido más en la Quiromancia física, porque es la que está en uso, y por ser la más clara y la más antigua. Job dice que el cielo pone en la mano de cada uno el secreto de su destino, y Salomón, que se halla en la mano derecha de los hombres las señales de la duración de la vida, y en la izquierda los indicios del honor y de la fortuna Actualmente tan sólo se buscan estos indicios y señales en la mano izquierda. Aristóteles cree que la quiromancia es una ciencia infalible, y Augusto decía él mismo la buenaventura por medio de la mano; pero Torquemada afirma que no se puede ser quiromántico sin estar algún tanto versado sobre la nigromancia, y que los que adivinan con certeza por la virtud de esta ciencia, son inspirados por el diablo, terminaremos, pues diciendo algunas palabras de la quiromancia astrológica, que sacaremos de la obra de M. Salgues.

"Los principios de esta creencia tienen mucha semejanza con los de la astrología judiciaria. Divídese la mano en muchas regiones, cada una de las cuales está bajo la influencia de un planeta. El pulgar pertenece a Venus, el índice a Júpiter, el dedo del medio a Saturno, el anular al Sol y el auricular a Mercurio; el centro de la mano a Marte y lo restante a la Luna. El gran triángulo colocado en medio de la mano está consagrado a Marte; Venus ha escogido el pulgar y su raíz, para indicar un favor. Si las líneas en él son en gran número, si se cruzan unas a otras formando ángulos rectos, si forman estrellas o elipses o semicírculos, será uno querido de las damas y su éxito acerca de ellas es cierto; pero cuídense de las líneas circulares que abrazan todo el dedo pulgar, los cabalistas le llaman el anillo de Giles y Adriano Sicler nos advierte que aquellos que lo llevan corren peligro de que un día un lazo fatal les apriete la vena yugular, y en testimonio cita a Jacobo Caurmont, alférez de navío que murió ahorcado por no haber desconfiado bastante de esta funesta figura.

De más fatal agüero seria si este círculo fuese doble por la parte superior y sencillo en la interna, entonces sí que ya no se puede poner duda alguna que vuestra desgraciada vida terminaría en la rueda. El mismo Adriano Sicler conoció en Nimes un falso impío que fue enrodado el que ya llevaba esta señal mortal en la primera falange. Imposible es trazar todas estas líneas descritas indicadas por los más ilustres quirománticos para descubrir el porvenir y poder señalar el horóscopo de cada individuo, pero sin embargo sépase que Isaac Kím-Ker ha dado 70 figuras de manos al público; el doctor Melampus, 12; el profundo Compotus, ocho; el sabio Inolagine, 37; el ingenioso Bomfilius, seis; el erudita Carvaeur, 150; Juan Cirus, 20; Patricio Fricasus, 80; el cura Juan Belot, cuatro; Francisnerus, 40, y Perrucho, seis, cuyo total forma unas 423 manos, sobre las cuales puede emplearse vuestro talento.

Pero, se dirá, la experiencia y los hechos, hablan en favor de la quiromancia. Un griego predijo a Alejandro de Médicis, duque de Toscana, con la inspección de su mano, que su muerte no sería natural, y efectivamente fue asesinado por Lorenzo de Médicis, su primo; tales hechos no prueban nada, pues si un quiromántico ha acertado una o dos veces, se ha engañado 1,000. ¿Qué hombre juicioso podría convencerse que el Sol se entretiene a regular el movimiento de un indice? ¿Qué Venus el pulgar y Mercurio el meñique? ¡Cómo! ¡Júpiter, que dista de nosotros unos 150,000.000 de leguas en su menor distancia, que es 14 veces mayor que el pequeño globo que habitamos, que describe en su órbita años de ciento cuarenta y cuatro meses, queréis que se ocupe de vuestro dedo del corazón!...

El doctor Brechier, en su obra de los caprichos de la imaginación, dice que un hombre de 40 años, de humor alegre y juguetón, en una reunión había hecho venir una mujer para que sacase horóscopos. Le presentó la mano y la vieja le miró con aire contrito "¡Qué lástima que un caballero tan amable no tenga mas que un mes de vida!" Algún tiempo después, la predicción de la gitana se cumplió al pie de la letra.

Rabdomancia: Adivinación por medio de los palos, la que es una de las más antiguas supersticiones, de la que ya hace mención Ezequiel y también Oseas, reprendiendo a los judíos al dejarse engañar. Despojábase a lo largo de un lado y en toda su longitud una varilla, lanzándola luego al aire, si al caer presentaba la parte despojada y lanzada otra vez con certeza, se tenía por feliz presagio, y al contrario si volvía también a caer por la parte pelada. Esta adivinación la usaban los persas, los tártaros y los romanos.

Rabdosomancia: Adivinación que se ejecutaba abriendo a la suerte algún poema, y tomando el pasaje aquel que se encontraba por una predicción de lo que se quería saber.

Ragalomancia: Adivinación que se hacía con platitos, lucecitas, balitas, cartoncitos pintados y que ningún autor sabe explicar.

Sueños: El cerebro es la sede del pensamiento, del movimiento y el sentimiento; si el cerebro no está turbado por una gran cantidad de vapores crudos, si el trabajo no le ha quitado todas sus fuerzas, se originan sueños excitados por las imágenes que más han herido su imaginación durante el día.

Hipócrates dice que para sustraerse a la malignidad de los sueños, cuando en ellos se ven palidecer las estrellas se debe correr a la redonda; cuando se ve palidecer la luna, a lo largo, y cuando el sol, tanto a lo largo como a la redonda.

Se sueña fuego o llamas cuando se tiene una bilis amarilla; humo y tinieblas cuando se tiene negra, y agua y humedad cuando se tiene pituitas, según dice Galeno.

Soñar en la muerte denota matrimonio, según Artemidoro. Soñar flores, prosperidad, tesoros, penas y pesares; que se vuelve ciego, pérdida de hijos; todos estos hermosos secretos pueden dar una idea de la crítica de Artemidoro o explicación de los sueños.

Explicación sucinta de los principales sueños según los libros conocidos.

Aberrojos: *Importunidades.*

Águila: Si se ve en sueños volar un águila, *buen presagio, y señal de muerte* cuando cae sobre la cabeza del soñador.

Antorchas: Encendidas, *recompensa;* apagadas, *encarcelamiento.*

Arco Iris: Visto a oriente, *felicidad de pobres;* a Occidente, *de ricos.*

Asesinato: Verlo, *seguridad.*

Asno: Si se ve correr un asno, *desgracia;* si está quieto, *chismes y maldades;* si se oye rebuznar, *inquietudes y cansancios.*

Azufre: Presagia *envenenamiento.*

Baño: En agua clara, *buena salud;* en agua turbia, *muerte de parientes y amigos.*

Beber: Agua fresca, *grandes riquezas;* caliente, *enfermedades;* turbia, *pesares.*

Bofetón: Darlo, *unión entre marido y mujer.*

Cabellos: Arrancados, *pérdida de amigos o dinero.*

Cabeza: Blanca, *alegría;* rapada del todo, *engaños;* cabelluda, *dignidades;* cortada, *enfermedad;* ceñida con un cordero, *feliz presagio.*

Cantar: Un hombre, *esperanza;* una mujer, *llantos y gemidos.*

Caracoles: *Cargos honoríficos.*

Carbones: Apagados, *muerte;* encendidos, *emboscadas;* comerlos, *pérdidas y desgracias.*

Cisnes Negros: *Desgracias en la familia.*

Comadreja: Soñar con ella, señal cierta de que se *amará a una mala mujer.*

Conejos: Blancos, *buen suceso,* negros, *desgracia;* comerlos, *buena salud;* matarlos, *engaños y pérdidas.*

Corona: De oro sobre la cabeza, *honores;* de plata, *buena salud;* de hierbas, *dignidades;* de huesos de muerto, *la muerte.*

Cuervo: Si vuela, *peligro de muerte.*

Dientes: Caerse, *muerte*

Dinero: Si se encuentra, *tormentos y pérdidas;* si se pierde, *buenos negocios.*

Entierro: Soñar que le entierran vivo, *indica larga miseria;* que se va al de alguno, *feliz matrimonio.*

Espejo: Tenerlos grandes, *aumento de riquezas.*

Escorpiones, Lagartos, etc.: *Desgracias y traiciones.*

Estrellas: Verlas caer del cielo, *caídas disgustos y desgracias.*

Fantasma: Blanco, *alegrías y honores;* negro, *penas y tormentos.*

Fritada: *Chismes de mujeres.*

Galantería: Soñar ser galante indica *buena salud,* si es hombre, y si es mujer, *que será feliz en el comercio;* si una doncella, *inconstancia.*

Gansos: Verlos, *honra de príncipes.*

Habas: Comerlas, *querellas y pleitos.*

Hilitos: *Lluvias.*

Hombre: Vestido de blanco, *felicidad;* de negro, *des gracia;* asesinado, *seguridad.*

Hongos: Soñarlos, señal de *una vida larga y buena salud.*

Horca: Que se está en ella, *buen resultado.*

Huesos: *Travesías y penas inevitables.*

Huevos: Blancos, *felicidad;* rotos, *desgracia.*

Insensato: Soñarse que lo es, *recibirá beneficio de su príncipe y vivirá largo tiempo.*

Juego: Ganar, *pérdida de amigos.*

Justicia: Ser atormentado por ella, *amorcillos futuros.*

Ladrones: Asaltado por ellos, señal segura de *perder algo.*

Leche: Beberla, *amistad de mujer.*

Lechuza: *Funerales.*

Lienzo: Blanco, *matrimonio;* obscuro, *muerte.*

Loro: *Indiscreción, secreto revelado.*

Luna: Verla, *retardo en los negocios;* pálida, *penas;* obscura, *tormentos.*

Madera: Estar pintado en ella, *larga vida.*

Manteca: Comerla, *victoria.*

Medicina: Tomarla, *miseria,* darla a alguno, *provecho.*

Morcillas: Hacerlas, *penas;* comerlas, *visita inesperada.*

Mujer: Verla, *enfermedad;* dos mujeres acostadas, *alegría;* desnuda, *muerte de algún pariente,* muchas mujeres, *embrollos.*

Nabos: *Vanas esperanzas.*

Nalgas: Verlas, *infamia.*

Nubes: *Discordia.*

Palmero y Palmas: *Buenos acontecimientos y honores.*

Paseo: Con una mujer, *dicha de poca duración.*

Pavo: Verlo, *tener hermosa mujer,* y si es mujer, *hermoso marido,* y si son casados, *hermosos hijos.*

Pavos: Poseerlos, *locura de parientes o amigos.*

Ranas: *Indiscreciones y charlatanería.*

Ratones: *Enemigos ocultos.*

Rosas: *Felicidad y placeres.*

Rueda: *Pobreza.*

Salchichas: Hacerlas, *pasión violenta y buena salud para los ancianos;* comerlas, *amor para los jóvenes.*

Saltar: Al agua, *persecuciones.*

Tempestad: *Ultraje y gran peligro.*

Tierra: Comerla, *arrebatamientos.*

Tórtolas: *Avenencia de casados y matrimonio para los célibes.*

Vendimiar: *Salud y riquezas.*

Violeta: *Buenos acontecimientos.*

Violín: Oírlo tocar con otros instrumentos de música, *concordia y buena inteligencia entre marido y mujer.*

Estas son las extravagancias que refieren los intérpretes de los sueños.

TÍTULOS DE ESTA COLECCIÓN

Esoterismo. *Fortune Dion*

Las Profecías de Nostradamus y Diccionario, Nva. Edic.

Los Sueños. *Morfeo*

Origen y Significado de los Nombres Propios. *Guadalupe Velázquez*

Tu Escritura, Quién y Cómo Eres. *C. Alfonso*

ABC del Inglés. *Jesse Ituarte*

Las más Famosas Leyendas de la Mitología. *Robina Fox*

Las Profecías del ¿Juicio Final? *M. A. Gómez - F. Domínguez - C. A. Guzmán - Y. Díaz*

Duendes, Gnomos, Hadas, Trolls y otros Seres Mágicos. *M. A. Gómez - F. Domínguez - C. A. Guzmán - Y. Díaz - N. Angélica - E. Zamora - B. U. Alonso*

Fantasmas, Leyendas y Realidades *M. A. Gómez - F. Domínguez - C. A. Guzmán - Y. Díaz*

Relatos Verdaderos de Fantasmas y otras Narraciones Extraordinarias. *Y. Díaz - F. Domínguez - M. A. Gómez - C. A. Guzmán - R. S. Contreras*

Este libro se terminó de imprimir
en los talleres de Castillo
y Asociados Impresores,
Camelia 4, col. El Manto,
México, D.F.